【广东省马克思主义理论研究文库】

马克思恩格斯社会公平理论及其发展研究

马陆艳 著

MAKESI ENGESI SHEHUI GONGPING LILUN JIQI FAZHAN YANJIU

SPM
南方出版传媒
广东人民出版社
·广州·

图书在版编目（CIP）数据

马克思恩格斯社会公平理论及其发展研究 / 马陆艳著. —广州：广东人民出版社，2018.6（2023.1重印）
（广东省马克思主义理论研究文库）
ISBN 978-7-218-12986-0

Ⅰ. ①马… Ⅱ. ①马… Ⅲ. ①马克思主义—平等—研究 Ⅳ. ①A811.64

中国版本图书馆 CIP 数据核字（2018）第 133918 号

MAKESI ENGESI SHEHUI GONGPING LILUN JIQI FAZHAN YANJIU
马克思恩格斯社会公平理论及其发展研究
马陆艳 著

出 版 人：肖风华

责任编辑：曾 之
封面设计：李桢涛
责任技编：吴彦斌 周星奎

出版发行：广东人民出版社
地 址：广州市大沙头四马路 10 号（邮政编码：510199）
电 话：（020）85716809（总编室）
传 真：（020）83289585
网 址：http://www.gdpph.com
印 刷：河北飞鸿印刷有限责任公司
开 本：787mm × 1092mm 1/16
印 张：10.125 **插 页**：1 **字 数**：150 千
版 次：2018 年 6 月第 1 版
印 次：2023年 1月第 2次印刷
定 价：40.00 元

目　录

导　论

马克思恩格斯社会公平理论是人类文明的优秀成果，它以正确的方法论、科学的理论体系、严谨的研究范式、鲜明的价值取向、有力的实践效果，在众多的社会公平理论中脱颖而出。马克思恩格斯社会公平理论是马克思主义理论体系的重要组成部分，它的理论根基是马克思主义的基本立场、观点和方法。自从马克思主义诞生以来，马克思恩格斯社会公平理论就同马克思主义理论的发展和共产主义运动的进程联系在一起。随着马克思主义理论的发展以及共产主义运动的蓬勃开展，马克思恩格斯社会公平理论在世界范围内得到发展。

西方马克思主义对马克思恩格斯社会公平理论进行了新的解读、阐释和发展。例如，分析马克思主义者用分析哲学和社会科学的方法研究马克思恩格斯的文本，对马克思恩格斯的公平正义进行了很多新的解读，并试图重建马克思恩格斯的正义理论。

非洲在20世纪50年代末60年代初掀起了风起云涌的民族独立浪潮。经过几十年的努力，非洲50多个国家相继摆脱了帝国主义的殖民统治，取得民族独立，建立了新的国家。就独立后选择什么道路这一问题，非洲的政治领袖根据非洲的具体情况提出了一系列建设社会主义的思想，形成了“非洲社会主义”。“非洲社会主义”有很多流派，每个流派关于社会公平的观点各有不同。总结起来，“非洲社会主义”对马克思恩格斯社会公平理论的发展表现在：重视社会公平，把社会公平作为科学社会主义的重要内容，把社会公平作为社会建设的重要目标，主张建设一个没有任何形式的人剥削人的社会。主张人人平等、机会公平、分配公平，主张社会成员在享受教育、保健、住房和福利等资源方面的公平。但是由于种种原因，在实践中，很多非洲国家推进社会公平的成效并不显著。

苏联的马克思主义者，特别是列宁，把马克思恩格斯社会公平理论运用到推进社会公平的实践中，在许多方面丰富和发展了马克思恩格斯社会公平理论。

中国的马克思主义者如毛泽东、邓小平、江泽民和胡锦涛等把马克思恩格斯社会公平理论同中国的实际相结合，对社会公平提出了一系列新观点新论断新思想，并在实践中推进了社会公平，无论在理论上还是在实践中都丰富和发展了马克思恩格斯社会公平理论。

1962 年，卡斯特罗等领导的古巴革命取得胜利，古巴宣布走社会主义道路。古巴从古巴的国情出发，把马克思恩格斯社会公平理论运用于实践，在理论和实践上极大地推进了社会公平。在经济方面，坚持公有制。卡斯特罗认为，私有化会导致富人阶级的出现，妨碍社会公平，威胁社会主义。在政治方面，坚持共产党的绝对领导地位，加强党的建设，遏制腐败，推进社会公平。古巴宪法规定，古巴共产党是国家和社会的最高领导力量，组织和领导古巴人民建设社会主义和实现共产主义。通过思想教育、完善监督制度等措施反腐倡廉，极大地推进了政治公平。在文化教育方面，教育公平得到扎实推进。古巴已经实现了全民义务教育和全民免费教育，教育公平惠及每个社会成员。在社会方面，古巴建立了完善的社会保障制度，推进了社会成员在医疗、住房、卫生等方面的公平。古巴在理论和实践方面对社会公平的探索发展了马克思恩格斯社会公平理论。

1945 年，越南八月革命推翻了法国的殖民统治和上千年的封建专制制度，建立了越南民主共和国。越南共产党人在社会主义革命和建设中，把马克思恩格斯社会公平理论与越南实际相结合，不断进行理论和实践方面的探索和创新，形成了一系列成果。越南共产党把公平、平等、民主和文明作为社会主义建设理论的价值坐标。社会公平是社会主义的重要内容。在实践中，坚持生产资料公有制经济的基础地位。坚持越南共产党的领导地位，反对西方的多党制和政治多元化。完善党内民主集中制，发扬党内民主。通过整风，提升党的素质和执政能力。改革干部制度，废除干部终身制。扩大社会民主，推进政治生活的民主化。积极开展反腐败斗争。越南共产党的这些积极探索丰富和发展了马克思恩格斯社会公平理论。

对马克思恩格斯社会公平理论及其发展进行研究的目的，一是在于全面完整、科学地理解马克思恩格斯本来的社会公平思想，并在此基础上纠正人们对马克思恩格斯社会公平思想的误解、曲解等错误认识；二是在于把握马克思恩格斯社会公平理论的发展脉络，确证后人对马克思恩格斯社会公平理论的发展，为进一步发展马克思恩格斯社会公平理论提供思想资源；三在于坚持用马克思恩格斯社会公平理论指导实践，尤其是对中国特色社会主义实践进行理论指导。

一、研究马克思恩格斯社会公平理论及其发展是理论和实践的双重需要

第一，研究马克思恩格斯社会公平理论及其发展，是深化马克思恩格斯社会公平理论认识的需要。人类对真理的认识，不是一个一次性的过程，而是人类在不断的实践过程中，由低级到高级、由抽象到具体、由相对到绝对的无限的动态过程。在一定的历史发展阶段，受相应的历史条件的制约，人们对事物的正确认识有相对性。在实践过程中被验证为真理的内容，它的正确程度是有限的、近似的。它没有穷尽对事物的所有认识，还需要不断丰富和发展，这就是人类认识的辩证发展过程。人类对社会公平的认识也是这样一个辩证发展的过程。因此，当前我们研究马克思恩格斯社会公平理论，就是要梳理不同的历史发展阶段人们对马克思恩格斯社会公平理论的认识，理清哪些是被实践证明为真理的内容，哪些是需要进一步丰富发展的内容，每一个历史阶段中对社会公平认识的相互之间的关系等等，不断深化对马克思恩格斯社会公平理论的认识。

第二，研究马克思恩格斯社会公平理论及其发展，是社会主义建设

实践提出的现实课题。马克思恩格斯运用历史唯物主义方法，站在无产阶级的立场上，批判了资本主义社会的社会不公，主张通过无产阶级革命，推翻资产阶级统治，消灭私有制，建立共产主义社会，实现社会公平。马克思恩格斯创立的这一理论，在历史发展的过程中已经得到初步的证实。但是，在当前的历史条件下，实现社会公平过程中遇到了一些马克思恩格斯没有预料到的新课题。比如，经济落后的国家在取得社会主义革命胜利之后，在社会主义建设过程中，如何实现社会公平？在多种所有制并存的条件下，如何实现社会公平？十月革命后，列宁领导的俄国共产党（布尔什维克），首先面临这些问题，列宁把马克思主义的普遍真理同俄国的具体实践相结合，对经济文化落后的俄国进行社会主义改造，为推进社会公平创造了有利条件。但是，由于列宁的早逝，俄国推进社会公平进程只是刚刚展开，所以他的实现社会公平的设想未得到完全的贯彻实施，留下的许多问题仍需要无产阶级政党在实践中不断探索。在几十年的实践过程中，苏联取得了经济发展的伟大成就，实现了从一个落后的农业生产方式为主导的国家向现代工业化为主导的国家的转变，综合国力大大提高，为推进社会公平奠定了坚实的物质基础。但是，苏联模式对商品货币关系的否定，过度追求纯粹的社会主义生产关系，在一定程度上导致了平均主义盛行，社会公平的推进受阻。在20世纪50—60年代，那些效仿苏联模式的社会主义国家在不同程度上进行改革和探索，但是从总体上来说，这些改革的成效不大。因此，对如何实现社会公平这一问题的再认识就成为一个紧迫的时代课题。在对如何实现社会公平进行再认识中，要搞清楚的是，在经济文化落后的国家中，如何在建设社会主义的过程中推进社会公平，这个问题仍需要在实践中不断探索和研究。这里，不但需要认清各个社会主义国家面临的具体的历史条件，也需要对社会主义国家曾经推进社会公平的实践进行全面的总结。要抛弃一些“左”的、教条的、僵化的认识，在社会主义建设的过程中，探索推进社会公平的道路。由于中国的基本国情、经济政治体制、社会发展阶段、文化传统等与西方的有很大差异，西方的社会公平理论和模式不可能适合我们，因此我们不能照搬照抄西方资产阶级的社会公平理论，而是要探索适合我国国情、经济政治体制和文化环境的社会公平理论。有学者就明确指出："当下，……如何推进社会的公平正义，促进人的全面和自由发展，也已成为今后阶段中国社会发展的基本主题和核心线索。"① 可以说，对马克思恩格斯社会公平理论进行研究，总结马克思恩格斯社会公平理论的发展，科学系统地把握马克思恩格斯社会公平理论，是当代社会主义建设实践提出的现实课题。

第三，研究马克思恩格斯社会公平理论及其发展，是纠正马克思恩格斯社会公平理论在当今受到的曲解的需要。目前学界对马克思恩格斯社会公平理论的曲解有两个方面，"一是作空想主义的解读而否定其现实性，二是作相对主义、折中主义解读而否定其党性、阶级性"②。前一种观点认为马克思恩格斯社会公平理论只是理想化的空话，中国正处于社会主义初级阶段的具体国情难以允许我们实现"机会平等"和"分配公平"等社会公平内容，也就更难实现每一个人自由全面发展这一真正意义上的社会公平，因此马克思恩格斯社会公平理论没有现实意义。后一种观点把马克思恩格斯关于"公平总是相对的、权利总是历史的"正确观点推向极端，错误地理解为真正的公平是不可能实现的、任何历史权利都是相对的，甚至据此维护既得利益，反对推进社会公平。这就从根本上否定了马克思恩格斯社会公平理论的阶级性，遮蔽了这一理论所追求的价值。这些曲解不但误导了人们对马克思恩格斯社会公平理论的理解和认识，而且否定了马克思恩格斯社会公平理论的现实指导价值，妨碍了人们运用马克思恩格斯社会公平理论指导中国现阶段社会公平问题的解决。因此，系统总结马克思恩格斯社会公平理论，纠正马克思恩格斯社会公平理论受到的曲解，理清对马克思恩格斯社会公平理论的认识，准确把握马克思恩格斯社会公平理论，就成为摆在我们面前的亟待解决的问题。

第四，研究马克思恩格斯社会公平理论及其发展，是回应其他派别

① 范明英、郭根：《社会"公平正义"的内涵要义及其建设路径》，《深圳大学学报》（人文社会科学版）2011 年第 5 期，第 63—69 页。

② 侯惠勤：《马克思主义公平观的实践意义》，《马克思主义研究》2005 年第 4 期，第 16—17 页。

的社会公平理论对马克思恩格斯社会公平理论挑战的需要。福利经济学的功利主义社会公平理论、古典自由主义的社会公平理论、新自由主义的社会公平理论都对马克思恩格斯社会公平理论构成了一定的挑战。福利经济学的功利主义社会公平理论看重市场，认为市场能够最优化地配置社会资源。① 依据这一理论，西方国家综合运用各项政策手段对国民收入分配进行主动干预，使低收入者的收入有所增加，社会福利总量也相应增加，有助于减少富人和穷人之间的差距，促进社会的发展。古典自由主义的社会公平理论重视市场机制，重视机会公平，反对通过政府干预再分配实现“结果公平”。主张通过社会保障制度解决贫困问题。国家可以通过社会保险和社会救济等社会保障制度减少贫困。新自由主义的社会公平理论以罗尔斯的公平理论为代表。罗尔斯从社会契约论出发，对社会公平问题作出了新的思考。罗尔斯的公平理论强调自由原则对社会制度安排的重要性，认为社会要实现最大程度的平等自由。他还认为制度是实现社会公平的重要保证。国家应当加强制度建设，为社会公平提供有力保证。他不但强调机会公平也强调结果公平，社会有责任通过教育、税收等途径改变社会中的机会不公和结果不公。这些派别的社会公平理论对中国学界产生了广泛影响，而且对马克思恩格斯社会公平理论提出了挑战，面对这一挑战，马克思主义者必须作出回应，但是目前国内学界对马克思恩格斯社会公平理论的系统整体性的研究还比较薄弱，回应这些理论派别的挑战不力。因此，系统深入梳理马克思恩格斯社会公平理论就成为摆在马克思主义者面前的一个重大课题。

二、研究马克思恩格斯社会公平理论及其发展具有重要意义

研究马克思恩格斯社会公平理论及其发展具有重要的理论意义，这一意义主要体现在以下四个方面：

第一，研究马克思恩格斯社会公平理论及其发展，有助于更全面地

① 徐丙奎：《西方社会保障三大理论流派述评》，《华东理工大学学报》2006年第3期，第24—31页。

把握马克思恩格斯社会公平理论。虽然学界对马克思恩格斯社会公平理论做了一些研究，取得了一定的研究成果，但是也应该清醒地看到，目前学界对马克思恩格斯社会公平理论的研究还不够系统、深入。通过对马克思恩格斯社会公平理论进行深入系统的研究，有助于更全面地把握这一理论，深化对这一理论的认识。

第二，研究马克思恩格斯社会公平理论及其发展，有助于丰富马克思主义理论。马克思恩格斯社会公平理论是马克思主义理论的重要组成部分，对马克思恩格斯社会公平理论进行研究，系统梳理、深入挖掘马克思恩格斯社会公平理论的主要内容，以及马克思恩格斯社会公平理论的发展，有助于丰富和完善马克思主义理论。

第三，通过研究马克思恩格斯社会公平理论及其发展，进一步搞清楚马克思恩格斯社会公平理论的理论体系，有助于回应当前一些学派的社会公平理论对马克思恩格斯社会公平理论的挑战。当代西方的社会公平理论主要有福利经济学的功利主义社会公平理论，以罗尔斯、诺齐克、哈耶克等为代表的新自由主义的社会公平理论，以瓦尔策为代表的社群主义的社会公平理论，这些社会公平理论对中国思想理论界的影响很大，甚至有学者主张运用西方的这些社会公平理论代替马克思恩格斯社会公平理论，指导中国实践中社会公平问题的解决。面对这些挑战，对马克思恩格斯社会公平理论及其发展进行研究，对这些学派所坚持的唯心主义世界观和方法论及它们道德上的中立原则进行科学理性的批判，有助于更好地回应这些理论对马克思恩格斯社会公平理论的挑战，彰显马克思恩格斯社会公平理论的价值。

第四，通过对马克思恩格斯社会公平理论及其发展的研究，为解决中国现实中遇到的社会公平问题提供理论指导。当前，中国的经济进入新一轮的高速增长期，在利益格局和社会结构深刻变革的过程中，贫富悬殊、分配不公、权力腐败、社会保障缺乏、民主法治不健全等社会不公日益凸显，人们对社会公平的诉求也越来越强烈。在解决社会不公问题时，需要正确科学的社会公平理论作为指导。本书的研究就是要通过对马克思恩格斯社会公平理论的研究，进一步深化总结马克思恩格斯社会公平理论，为解决中国目前面临的社会公平问题提供理论指导。

从现实意义来看，本书的旨趣绝不仅仅停留在纯粹的理论研究，而是要在努力把握马克思恩格斯社会公平理论的基础上，为更好地解决中国现实中遇到的社会公平问题提供指导。具体而言，本书的研究的现实意义主要有以下两点：

第一，通过对马克思恩格斯社会公平理论及其发展的研究，理清人们对马克思恩格斯社会公平理论的模糊认识，有利于全社会树立正确的社会公平观念。当前，对于社会公平理论，人们还存在着很多不同的认识，既有根据传统马克思恩格斯社会公平理论树立起来的社会公平观念，也有受西方功利主义学派影响树立起来的唯心主义的社会公平观念。这些不同观念的碰撞、争论，使很多人的社会公平观念处于左右摇摆的状态。而且，一些错误的社会公平理论正在影响人们的社会公平观念，在一定程度上阻碍了现实中社会公平的实现。本书就是要通过系统梳理马克思恩格斯社会公平理论的主要内容，澄清人们对马克思恩格斯社会公平理论的一些模糊和错误认识，指导人们树立正确的社会公平观念。

第二，通过对马克思恩格斯社会公平理论及其发展的研究，有助于推进中国特色社会主义实践的顺利发展。社会公平关系到社会主义的本质，社会公平问题能否得到很好的解决在一定程度上关系到中国特色社会主义建设事业的成败。通过研究马克思恩格斯社会公平理论及其发展，深化对马克思恩格斯社会公平理论的认识，在此基础上努力构建有中国特色的社会主义社会公平理论，为解决中国社会主义建设中的社会公平问题提供有力的指导，有助于中国特色社会主义实践的顺利发展。

三、本书对“社会公平”概念的界定

（一）公平的内涵

公平是一个古老的概念。在中国古代汉语中，公就是公正、公道，“公”与“私”相对，公就是“无私”。“平”有平均、均等、平衡之义。《现代汉语词典》对公平的解释是：“处理事情合情合理，不偏袒哪一方面。”[①]，即公正均等、不偏不倚之义，例如公平交易、公平裁决、公平竞争等。

目前学界对公平的内涵界定还没有达成共识，比较有代表性的观点有以下几种：程恩富从经济学角度界定公平，他认为，公平指有关经济活动的制度、权利、机会和结果等方面的平等和合理。[②] 戴文礼立足马克思主义理论从利益关系角度界定公平的内涵。他认为，公平是人与人之间利益关系的合理。[③] 陈辉认为，公平不仅指社会制度及规则公正、平等，也包括人与人、人与社会之间利益关系的“相称”或平衡以及对这种关系的反映或评价。[④] 朱贻庭从伦理学角度界定公平的内涵。他认为，在集体、民族、国家之间的交往中，公平指相互间的给予与获取大致持平的平等互利，同时还包含有对待两个或两个以上的对象时一视同仁之意。在个人与社会集体之间的关系上，公平指个人的劳动活动创造的社会效益与社会提供给个人的物质精神回报的平衡合理。在个人与个人之间的关系上，公平指他们之间的对等互利和礼尚往来。[⑤]

综合以上分析，可以对“公平”的内涵进行明确的界定。我们认为，公平是对社会利益和资源配置以及对这种配置是否合理的主观价值评价。

（二）社会公平的内涵

概念的内涵是概念的本质属性。随着社会的不断发展，社会公平的内涵也在发生变化。而且，由于学科的不同，对社会公平内涵的界定也有所不同。

---

① 中国社会科学院语言研究所词典编辑室编：《现代汉语词典》（第5版），商务印书馆2005年版，第473页。

② 卫兴华、张宇：《公平与效率的新选择》，经济科学出版社2008年版，第94页。

③ 戴文礼：《公平论》，中国社会科学出版社1997年版，第3页。

④ 陈辉、熊春文：《社会公平：概念再辨析》，《探索》2011年第4期，第162页。

⑤ 朱贻庭：《伦理学大辞典》，上海辞书出版社2002年版，第45页。

目前，尽管有一些文章探讨社会公平的内涵，但总体来讲，学界对社会公平的内涵还没有形成比较成熟和统一的说法。比较有代表性的观点主要有以下几种：陈家付认为，社会公平本质上反映的是一定社会的权利和利益关系，是社会的政治、经济和各个领域的权利和利益在社会成员之间均衡而平等的配置，也包括人们对这种权利和利益关系是否合理的主观价值评判。[①] 陈辉认为，社会公平是社会层面的公平，要求所有社会价值（主要是社会资源或利益）在各个社会群体之间进行合乎公平的分配，社会群体可以从阶层、城乡、地区、民族、种族、性别等结构要素进行考察。[②] 包玉秋认为，社会公平是指社会的政治利益、经济利益和其他利益在全体社会成员之间合理而平等地分配。[③]

社会公平是一个关系范畴。社会公平不仅反映个人之间、群体之间的关系，而且反映个人与群体之间的关系。社会公平反映的是整个社会资源在社会的个人之间、群体之间、个人与群体之间的分配是否均衡合理的问题。个人之间的公平是指社会资源在个人之间分配是否合理；群体之间的公平是指社会资源在群体之间的分配是否合理；个人与群体之间的公平是指个人从群体中获得的“应得”利益和“贡献”是否合理。

综合以上分析，可以对社会公平的内涵进行明确的界定。在本书中，我们把社会公平看做社会发展中主客观统一的要素来考察，我们认为，社会公平是整个社会资源（主要是权利和利益）在社会的个人之间、群体之间和个人与群体之间的均衡合理的配置，以及社会成员对这种配置是否均衡合理的主观价值判断。

（三）社会公平的外延

概念的外延是具备概念本质属性的事物。从不同的角度来看，社会

---

① 陈家付：《现阶段我国社会公平保障问题研究》，山东大学出版社 2009 年版，第 5 页。

② 陈辉、熊春文：《社会公平：概念再辨析》，《探索》2011 年第 4 期，第 164 页。

③ 包玉秋：《社会公平的法哲学基础》，《社会主义研究》2007 年第 5 期，第 77 页。

公平的外延包括的内容互不相同。

从社会公平作用的领域来看，社会公平包括经济公平、政治公平、文化公平和社会公平。经济公平是指社会成员在经济关系方面的公平，包括生产资料占有关系、交换关系、分配关系等方面的公平。具体来讲，就是社会成员在生产、交换、分配和消费方面都有相同的地位和权利，包括平等地占有生产资料、平等地拥有劳动和工作的权利、平等地在市场中从事交换的权利和平等地享有发展的成果的权利等。政治公平是指社会成员平等地享有各种政治权利，具有平等的政治地位。包括平等的参政与议政、选举与被选举的权利，还包括在法律面前人人平等的权利等。文化公平是指社会成员平等地享有文化产品和文化服务。社会公平是指社会成员平等地享有包括教育、医疗卫生、就业、社会保障等具有公众性、公用性、公益性和非营利性的社会公共产品和服务。

从社会公平的内容来看，社会公平主要包括权利公平、机会公平、规则公平和分配公平等内容。权利公平是指所有社会成员公平地享有各项权利，如生存权、居住权、迁移权、受教育权、就业权、财产权、质询权、诉讼权等等，不因其出身、家庭背景、性别、民族、种族、职业等的差别而有所不同。权利公平是社会公平的基本内容。社会成员只有享受权利公平，才能拥有最起码的尊严和自由，社会才能保持稳定和谐。机会公平是指社会成员普遍享有平等机会参与社会发展并分享发展成果。它强调的是社会成员在创造社会财富和分享财富过程中的平等权利。只有社会成员享有机会公平，不因家庭背景、自然禀赋等因素而少得到或多得到某种竞争机会，就能保证社会成员毫无差别地享有平等的生存和发展机会。这样，社会成员必将投入更多的热情，提升自己的能力，从而成就和实现自己的个人价值和社会价值。规则公平也就是形式公平，是指规则一旦确定，所有社会成员就要毫无差别地受规则制约，在同一规则的制约下平等竞争，在规则面前人人平等，不允许任何个人和团体凌驾于规则之上。只有规则公平，才能保障每一个社会成员在参与经济、政治和社会等领域的各项活动时，在同等的规则下展开竞争，才能保障社会成员之间利益关系的和谐，从而保障社会公平。分配公平是指社会中每个社会成员都能够获得正当的权益，整个社会成员在经济地位、政治地位等方面不应有本质的差别。它体现着社会财富分配的合理性，既要避免社会财富分配的差距悬殊和两极分化，又要坚持按贡献分配，尊重社会成员之间合理的差距。分配公平要求坚持公平与效率的统一，二者不能偏废，既不能一味地追求效率而忽视公平，也不能一味地追求公平而放弃效率，二者要统筹兼顾。只有这样，才能妥善处理社会成员之间的利益关系，实现真正的分配公平。“四个公平”是一个有机的统一体，就整个社会公平而言，权利公平是核心，机会公平是重点。规则公平是重要保障，分配公平是归宿。社会公平是权利公平、机会公平、规则公平和分配公平等内容的有机统一。

从社会公平的过程来看，社会公平包括起点公平、过程公平、结果公平。起点公平是指社会成员在行为的初始阶段具备相同的条件，即“站在同一起跑线上”。但是，由于每个社会成员在天赋（体力、智力、性别等）、家庭条件（经济条件、社会地位、社会关系等）、外在客观环境（地域、发展水平等）方面的不同，每个社会成员的起点是不同的，不可能站在同一起跑线上。因此，追求起点公平，就是要尽量减少这些条件的差距，比如统筹城乡发展，较少城市居民和农村居民的差距；统筹地区协调发展，减少发达地区和不发达地区的差距等等。过程公平分为规则公平和操作公平。规则公平有两层含义：第一，规则应代表最大多数人民的利益；第二，要求各个社会成员在参与经济和社会发展的过程中，在规则面前人人平等。操作公平是指公平规则得到有效的贯彻执行。结果公平是指社会成员之间利益关系保持均衡，均衡不是平均，而是既有差距又要保持平衡。社会公平是起点公平、过程公平和结果公平的有机统一，缺少其中任何一个过程，实现社会公平就只能是一句空话。

从社会公平所表现的形态来看，社会公平包括形式公平和实质公平。形式公平是指公平所借以体现的形式性规定，如规则的公平以及在执行规则时一视同仁。实质公平是指事实上的公平，表现为合理的社会关系和行为方式。列宁表示，在生产资料被社会全体成员占有，实现了劳动平等和工资平等之后，“在人类面前不可避免地立即就会产生一个问题：要更进一步，从形式上的平等进到事实上的平等，即实现‘各尽所能，按需分配’的原则!”① 这里的“事实上的平等”就是实质公平，这种社会公平只有到共产主义社会才能实现。

从社会公平的实现程度来看，社会公平包括不同层次的社会公平。社会公平的实现总是受一国经济、政治、文化和社会发展程度的制约，不可能一蹴而就。因此，社会公平是一个从低层次社会公平向高层次社会公平不断发展的历史过程。而且，社会公平的实现也不是一劳永逸的，在一定的历史发展阶段，即使一种社会不公平现象消除了，还会出现新的矛盾和问题需要我们去解决。人类社会发展的历史已经证实了这一点：资本主义社会在一定程度上实现了以平等权利为核心的社会公平；社会主义初级阶段实现了生产资料占有权的公平。只有到未来的共产主义社会，真正意义上的社会公平才能完全实现。

综合以上分析可知，从多角度、多方面、多层次去理解社会公平，社会公平的外延就不同，因此，综合以上从各个角度、各个方面、各个层次对社会公平外延的把握，可以对社会公平的外延进行明晰的确认。我们认为，从社会公平作用的领域来看，社会公平的外延是经济公平、政治公平、文化公平和社会公平。从社会公平的内容来看，社会公平的外延是权利公平、机会公平、规则公平和分配公平。从社会公平的过程来看，社会公平的外延是起点公平、过程公平、结果公平。从社会公平所表现的形态来看，社会公平的外延是形式公平和实质公平。从社会公平的实现程度来看，社会公平的外延是不同实现程度、不同层次的社会公平。

四、学界的研究状况

在国内，改革开放以后，社会公平问题逐渐走入学者的视野，与之相伴，对“马克思恩格斯社会公平理论”的相关研究也逐渐增多。进入21世纪，这一研究的发展非常迅速。据初步统计，按照“篇名”为“马克思”并含“公平”“公正”“正义”在中国知网（CNKI）精确检索

① 《列宁选集》（第3卷），人民出版社1995年版，第201页。

2000年到2016年底哲学和人文科学、社会科学、经济和管理学科三个学科的期刊论文，共有896篇期刊论文。按照“篇名”为“马克思”并含“公平”“公正”“正义”在中国知网（CNKI）精确检索2000年到2016年底哲学和人文科学、社会科学、经济和管理学科三个学科的硕士、博士学位论文，共有248篇。其中，代表性的成果有：《马克思的“正义”解读》（林进平，社会科学文献出版社，2009）、《正义之后——马克思恩格正义观研究》（王广，江苏人民出版社，2010）、《在正义与解放之间—马克思正义观的四重维度》（涂良川，吉林大学出版社，2011）、《马克思恩格斯的公平正义观研究》（陈传胜，合肥工业大学出版社，2011）等等。

学者们从各自不同的角度、不同的层次出发，对马克思恩格斯的公平、正义、公正思想的不同方面进行了研究，取得了一定的研究成果。

王广博士从“批判——建构”的角度研究了马克思恩格斯的正义观，他详细研究了马克思恩格斯对蒲鲁东主义正义观的批判、对拉萨尔主义正义观的批判、对杜林正义观的批判，分析了马克思恩格斯正义观的批判性前提与方法论根基，在此基础上归纳、概括、提炼出马克思恩格斯正义观的理论架构：正义是人们对现实分配关系与自身利益关系的道德评价；正义不是永恒不变的，人类社会的正义观念从来都是具体的和历史的，充满着变化，正义嬗变的总根源是人类社会生产方式的变迁，随着生产方式的改变，分配关系和利益关系也随之发生改变，引发正义观念的嬗变；正义具有阶级性。在阶级社会里，不同阶级持有不同甚至根本对立的正义观；无产阶级的正义观不是追逐抽象的、动听的口号，而是消灭阶级。这几个方面是一个宏大的整体，前后衔接，相互联系，共同构成马克思恩格斯正义观的理论框架。①

袁久红博士在其著作《正义与历史实践：西方当代自由主义正义理论批判》的最后一章阐述了马克思恩格斯正义理论的当代建构。首先，他从资本主义剥削的非正义性、资本主义私有制的非正义性、资产阶级

---

① 王广：《正义之后—马克思恩格斯正义观研究》，江苏人民出版社2010年版，第184—216页。

正义观的虚幻性三个方面论述了马克思恩格斯对资本主义制度的非正义性和资产阶级正义观的说教性质的批判。其次，他论述了马克思恩格斯在批判中的构建。作者以马克思恩格斯的《共产党宣言》为依据指出，未来的正义社会是“自由人的联合体”，“自由人的联合体”是马克思恩格斯正义理想的实现。作者还依据马克思恩格斯著作本意，提出了判断正义的两个“历史尺度”，一是是否符合历史发展的客观规律，根本而言，就是是否有利于促进生产力的发展。二是是否促进人的全面而自由的发展。正是依据这两个尺度，马克思批判了资本主义制度的非正义性，批判了形形色色的正义理论特别是资产阶级的正义理论，并在此基础上论证了共产主义社会的基本原则是保证社会劳动生产力高度发展的同时又保证每个生产者个人最全面的发展。①

林进平在他的著作中，从历史角度考察了马克思对正义的研究所经历的困惑、反思和批判的过程，认为马克思从社会物质生产这一角度解构正义，提出了以下观点：第一，正义是社会生产发展到一定阶段的产物，是一个历史范畴。第二，社会物质生产的结构和发展决定了正义的范式和内容的演变。第三，正义实质上是在物质生产中占支配地位的阶级的利益的表现。第四，生产决定分配，不是正义决定分配。因此，分配正义问题不可能通过正义或分配而得到根本解决，只能通过变革生产方式才能得到根本解决。进而，林进平在此基础上检视了马克思对正义批判的当代价值。②

陈传胜从思想渊源、方法论、所实现的伟大变革和历史发展四个方面对马克思恩格斯的公平正义观进行了系统研究。他认为，德国古典哲学、英国古典政治经济学和三大空想社会主义者的公平正义思想是马克思恩格斯公平正义观点的思想渊源。马克思恩格斯公平正义观的方法论是实践性原则和辩证性原则。马克思恩格斯的公平正义观以“每一个个

---

① 袁久红：《正义与历史实践：西方当代自由主义正义理论批判》，东南大学出版社 2003 年版，第 310—331 页。

② 林进平：《马克思的“正义”解读》，社会科学文献出版社 2009 年版，第 4—7 页。

人的全面而自由的发展”为核心，它使公平正义的主题发生了由抽象的平等要求到每一个个人的全面而自由发展这一革命性的转换，并把这一转换建立在客观历史发展进程的基础之上，超越了资产阶级以平等权利为核心的公平正义观，实现了理论上的伟大创新。在历史发展中，在人的依赖关系、以物的依赖性为基础的人的独立性、自由人的联合体三大社会形态中，公平正义的发展展现出不同的图景。①

有些学者侧重从内容的角度研究马克思恩格斯社会公平理论，梳理、总结、归纳、概括了马克思恩格斯的社会公平观。吴忠民把马克思恩格斯公正思想的主要内容概括为五个方面：公正是社会主义和共产主义的首要价值、人的尊严与基本权利、平等与自由、按劳分配、社会调剂。②任映红、戴海东认为马克思恩格斯社会公平观的主要内容包括唯物史观中的公正思想、对资产阶级公平观和社会不公的批判、对无产阶级和未来社会公正问题的阐述、实现社会公平的途径等。③段忠桥把马克思恩格斯的公平观总结为公平的评价标准和尺度、公平观的变化和实质、无产阶级公平观的产生和内容等方面。④周新城认为，恩格斯通过对各种错误思潮的批判，科学地分析了公平问题，阐述了马克思主义的公平观。恩格斯阐明的两点是：一是公平的标准由社会经济关系决定；二是公平是有阶级性的。⑤袁贵仁则从伦理学视角总结了马克思公正观的根本内容。⑥

梳理国内学界对马克思恩格斯社会公平理论的研究成果不难看出，

---

① 陈传胜：《马克思恩格斯的公平正义观研究》，合肥工业大学出版社 2011 年版，第 8—9 页。

② 吴忠民：《马克思恩格斯公正思想初探》，《马克思主义研究》2001 年第 4 期，第 68—76 页。

③ 任映红、戴海东：《中国共产党的社会公正观研究》，人民出版社 2009 年版，第 36—58 页。

④ 段忠桥：《马克思和恩格斯的公平观》，《哲学研究》2000 年第 8 期，第 32—35 页。

⑤ 周新城：《论恩格斯对马克思主义公平观的科学阐述》，《马克思主义研究》2006 年第 4 期，第 55—59 页。

⑥ 袁贵仁：《论马克思主义公正观》，《求索》1992 年第 4 期，第 34—38 页。

国内学界的研究成果主要集中以下几个方面：第一，对公平在马克思恩格斯思想中变化的历史过程进行了初步梳理，如林进平的研究。第二，对马克思恩格斯社会公平思想的理论基础进行初步的研究，如陈传胜博士的研究。第三，对马克思恩格斯公平思想进行了初步的梳理，概括总结了它的主要内容，如吴忠民教授、段忠桥教授、周新城教授等对马克思恩格斯公平观的概括。这些概括涉及了公平的概念、公平的尺度、公平的变化、公平的原则、公平的实质等内容。第四，对马克思恩格斯正义理论体系进行了初步构建，如王广博士和袁久红博士对马克思恩格斯正义理论体系的构建。第五，通过对马克思恩格斯的正义理论与当代西方政治哲学家的正义理论的比较，初步揭示了马克思主义公平观的历史价值。例如，在《两种正义观：罗尔斯马克思正义观比论》这部著作中，胡真圣通过比较研究罗尔斯的正义观和马克思的正义观，对罗尔斯的正义理论进行了批判，彰显了马克思恩格斯正义理论的历史价值。第六，初步阐述了马克思恩格斯社会公平理论的当代价值，特别是对当代中国特色社会主义建设的科学发展和和谐社会的构建的理论价值和现实意义。

国内学界的这些研究成果从多个角度阐释了马克思恩格斯社会公平理论，加深了我们对马克思恩格斯社会公平理论的理解和认识，为进一步研究这一问题奠定了良好的基础。但是，从总体上来看，国内学界对马克思恩格斯社会公平理论的研究还存在诸多不足，具体表现在：第一，对马克思恩格斯社会公平理论的关注有待进一步加强。目前，国内学界中相当一部分学者注重研究当代西方的正义理论，如以罗尔斯、诺奇克、哈耶克为代表的新自由主义正义观，以麦金太尔为代表的社群主义正义观等，而对马克思恩格斯社会公平理论的关注和研究相对较少。和国内学界对当代西方新自由主义公平正义理论的研究成果相比，国内学界对马克思恩格斯公平正义理论的研究成果偏少，因此，对马克思恩格斯社会公平理论的研究尚需进一步加强。第二，对马克思恩格斯社会公平理论基础的研究有所展开，但论述还不够深入。第三，对马克思恩格斯社会公平理论基本内容有了一些概括和总结，但是挖掘还不够深入、系统。第四，从马克思恩格斯的著作出发对马克思恩格斯社会公平思想进行的解读的系统性、准确性和历史性仍待加强。国内学界的个别学者在对马克思恩格斯著作进行解读时，由于没有全面、系统地把握马克思恩格斯的著作，没有具体联系马克思恩格斯著作的历史背景，不可避免导致误解甚至曲解了马克思恩格斯社会公平思想的本意。因此，有必要对马克思恩格斯的著作进行全面的、系统的、准确的和历史的解读。要站在整体性的视角，在全面把握马克思恩格斯各个时期著作思想的基础上，解读马克思恩格斯关于社会公平的某一具体思想，不能断章取义，不能“只见树木，不见森林”。要坚持实事求是的原则，对马克思恩格斯社会公平思想的解读要符合他们的本意，不能根据自己的主观臆断来曲解马克思恩格斯本来的意思。马克思恩格斯在提出自己观点时都有特定的历史背景，要在分析马克思恩格斯具体思想的历史背景、时代特征、具体情境的前提下解读马克思恩格斯的社会公平思想。第五，对马克思恩格斯社会公平理论的历史价值和当代价值进行了初步研究，但研究的深度还有待加强，研究的视野和空间仍有待拓展。

在国外，学界的主要研究成果可以概括为以下三个方面：

第一，“分析马克思主义”就马克思恩格斯公平正义观的论战。国外，分析马克思主义者对马克思恩格斯的正义思想进行了一系列的研究。自从1972年美国康奈尔大学教授艾伦·伍德（Allen Wood）发表《马克思对正义的批判》以来，在分析马克思主义内部，针对“马克思是否批判资本主义为不正义”这一问题，学者们产生了激烈的争论，形成了观点针锋相对的两个派别。

艾伦·德（Allen Wood）和罗伯特·塔克尔（Robert Tucker）作为其中一派的主要代表人物，对马克思的正义思想进行了研究，他们的主要观点有：第一，马克思是反对正义的，马克思把权利和正义看成法律关系，只有在社会道德和法权领域才能发挥作用。但是，根据马克思的唯物史观，权利和正义都是意识形态的一部分，是社会生产关系的法律表述。第二，在正义与共产主义的关系方面，这一派认为，马克思坚决反对依据正义来批判资本主义社会，因此，如果试图从马克思对资本主义的批判中重构马克思的正义观，那至多只是把马克思对资本主义制度或对它的某些方面的批判转化为马克思自己一直认为是错误的、神秘化的意识形态。第三，依据马克思主义的唯物史观，经济基础决定上层建筑，正义或公平作为上层建筑的内容是由一定历史条件下的生产方式决定的。具体到资本主义社会，资本主义生产方式决定了资本主义社会的正义或公平，也就是说，资本主义社会的剥削和压迫是建立在资本主义生产方式之上，并且与资本主义生产方式相适应，因此，资本主义社会的剥削、压迫是正义的、公平的。资本对劳动的剥削不仅与资本主义生产方式相一致，而且没有这种剥削，资本主义甚至是不可能的。因此，资本主义剥削是公正的。①

另一派以胡萨米（Z. I. Husami）和柯亨（Gerald Allan Cohen）为代表，他们认为马克思是赞成公平的，马克思对资本主义的社会不公进行了谴责和严厉的批判。胡萨米大量引用了马克思著作中对资本主义社会的描述，认为这些描述是对资本主义社会不公的展现，在这个社会中，工人阶级生产的财富被资产阶级无偿占有，工人阶级生活在贫困、苦难中，资产阶级通过剥削工人阶级得来的财富过着富足的生活。他认为伍德把虚假的段落从它的上下文语境中割裂开，未能真正理解马克思所说的意思。而且，伍德没有注意到正义观念等上层建筑因素有双重的决定因素，从而导致认为，对马克思来说，一种规范当它与生产方式相一致时是正义的，当它与生产方式不一致时就是非正义的。这一“双重的决定因素”包括他们产生于其中的生产方式和他们所代表的阶级利益，而伍德明显忽略了后者。马克思从无产阶级的利益出发，用无产阶级的公平标准去批判资本主义的分配方式，就会自然得出“资本主义社会资产阶级对无产阶级的剥削是不公平”的这一结论。另外，马克思可以用无产阶级或共产主义的标准来评价资本主义的剥削。在资本主义社会，通过所谓的“公平交易”，资本家获得了工人劳动力创造的价值，工人仅得到工资，而工资只是工人所付出的一部分劳动的价值，而剩余的价值被资本家无偿占有。按照社会主义的按劳分配标准来评价资本家和工人

---

① 曹玉涛：《分析马克思主义的正义论研究》，人民出版社 2010 年版，第 63—76 页。

之间的这一交易，显然是不公平的。①

第二，尼尔森（K. Nielsen）对马克思主义正义观的研究。加拿大学者尼尔森（K. Nielsen）对马克思主义的正义理论进行了深入系统的研究。在他的著作《马克思主义与道德观》中，他以马克思主义历史发展为线索，系统梳理、论述了马克思、恩格斯、列宁的正义观，在此基础上，他提出自己的正义观，试图重构马克思主义正义观。他所提出的正义观的主要内容有：正义的社会应当是一个没有阶级、阶层和剥削的社会。社会主义分配正义原则的基本原理是，在物质丰裕条件下，我们应当完全平等地分配社会的各种利益和负担，最大限度地满足自己的尽可能多的需要，而满足这一需要的条件是每个人的需要都在同样的尊重中分别被同样对待。要对资本主义进行彻底变革才能实现公平正义的社会，但是，不能把这种要求强加于人民，我们所能做的是一种道德与政治的吁求。知识分子是"道德权威"，能够成为革命的主体，但是，也需要获得广大人民群众的支持。②

第三，布坎南对马克思恩格斯社会公平理论的研究。布坎南从"马克思与正义"关系视角研究马克思的正义理论，他的著作《马克思和正义——对自由主义的激进批判》是论述"马克思和正义"关系方面的一部佳作。在这部著作中，布坎南阐明了马克思用以批判资本主义和断言资本主义必然向社会主义转变的评价视角；论述马克思的异化和剥削的辩证关系等，这部著作以分析哲学的方法分析马克思对正义、权利的批判是比较成功的。它提出的几个重要的观点是：第一，资本主义社会和所有的阶级社会的最为严重的缺陷之一不在于他们是不正义的或侵犯了人的权利，而是因为资本主义社会是以资本主义的生产方式为基础的，这一生产方式的缺陷导致了资本主义社会剥削与被剥削的关系；第二，正义的要求在使正义观念成为必要的环境中是无法得到满足的，因此，

---

① 曹玉涛：《分析马克思主义的正义论研究》，人民出版社 2010 年版，第 63—76 页。

② 陈传胜：《马克思恩格斯的公平正义观研究》，合肥工业大学出版社 2011 年版，第 43—45 页。

要实现正义是不可能的；第三，正义观念在以共产主义取代资本主义的革命斗争中，在动机上不起主要作用；第四，在建构新型的社会关系中，法权观念在理想意义上的共产主义社会中将不会起什么作用；第五，只有在有缺陷的社会中，社会成员才会用正义等观念显示自己是人。①

通过梳理国外学者对马克思恩格斯社会公平理论的相关研究成果，我们不难看出，国外学者特别是分析马克思主义者对马克思恩格斯正义思想的研究日益走向深入，研究视野也逐渐开阔，但是，不足之处仍然是很明显的：一是，分析马克思主义者不承认历史唯物主义的科学性，主张对其进行修正，这就使得分析马克思主义者对马克思恩格斯社会公平理论的研究缺乏科学的理论基础。二是，对马克思恩格斯社会公平理论的系统研究还有待加强。

五、本书研究的构想

首先厘清了马克思恩格斯社会公平理论的思想渊源，具体分析了马克思恩格斯对德国古典哲学、英国古典政治经济学和空想社会主义社会公平思想的继承和超越。之后，探讨了马克思恩格斯社会公平理论的理论基础。在此基础上，从社会公平的目标、社会公平的根源、社会公平的属性、社会公平的标准和社会公平的实现五个方面梳理总结了马克思恩格斯社会公平理论的主要内容。进而分析了马克思恩格斯社会公平理论在苏联的发展，其集中体现在列宁提出的一系列新观点和对马克思恩格斯社会公平理论的践行等方面。之后，分析了马克思恩格斯社会公平理论在中国的发展，这些发展集中体现为毛泽东、邓小平、江泽民和胡锦涛对马克思恩格斯社会公平理论的发展。最后，结合中国当前的具体实际，阐释马克思恩格斯社会公平理论及其发展对当今中国的启示意义。

根据以上思路，本书的框架结构设定为五章内容：

在绪论中，提出了本书要研究的问题；论述了研究这一问题的理论

---

① 林进平：《马克思的“正义”解读》，社会科学文献出版社 2009 年版，第 182—184 页。

和现实意义；对社会公平的内涵和外延进行了界定；阐述了本书的思路。

第一章是马克思恩格斯社会公平理论的思想渊源和理论依据。本章深入分析了马克思恩格斯对德国古典哲学、英国古典政治经济学和空想社会主义的公平正义思想的继承和超越，探讨了马克思恩格斯社会公平理论的理论基础，提出马克思主义关于实践的观点、社会存在与社会意识的观点、阶级的观点和人民群众是历史的创造者的观点是马克思恩格斯社会公平理论的理论基础，并具体分析了马克思恩格斯是如何从马克思主义关于实践的观点、社会存在与社会意识的关系、阶级的观点等理论出发研究社会公平，构建社会公平理论的。

第二章是马克思恩格斯社会公平理论的主要内容及其特征。本章依据马克思恩格斯的原著，深入挖掘马克思不同时期著作之间的内在联系，对其中关于社会公平的目标、社会公平的根源、社会公平的属性、社会化公平的标准和社会公平的实现等内容进行了比较深入的文本研究，详细阐述了马克思恩格斯社会公平理论的主要观点，概括了马克思恩格斯社会公平理论的主要特征，从基本原理角度把握马克思恩格斯社会公平理论的主要内容。

第三章是马克思恩格斯社会公平理论在苏联的发展。本章阐述了马克思恩格斯社会公平理论在苏联的发展，具体分析总结了列宁对马克思恩格斯社会公平理论的发展。

第四章是马克思恩格斯社会公平理论在中国的发展。本章阐述了马克思恩格斯社会公平理论在中国的发展，归纳总结了毛泽东、邓小平、江泽民和胡锦涛对马克思恩格斯社会公平理论的丰富和发展。

第五章是马克思恩格斯社会公平理论及其发展的启示。结合中国现阶段面临的社会公平问题这一具体实际，阐释马克思恩格斯社会公平理论对当今社会的启示意义。

本书在研究马克思恩格斯社会公平理论的发展时，没有全面考察马克思恩格斯社会公平理论在整个世界范围内的发展，而只是考察了马克思恩格斯社会公平理论在苏联和中国的发展。之所以做这样的选择，是基于以下两点原因。

第一，苏联和中国都是在国家实践中发展了马克思恩格斯社会公平理论。西方马克思主义的一些流派虽然对马克思恩格斯社会公平理论作了一些发展，对马克思恩格斯社会公平理论进行了新解读、新构建，并通过民主运动在实践中推动社会公平，但是这些实践不是把马克思恩格斯社会公平理论作为国家意志贯彻到实践中的。例如，分析马克思主义者把马克思主义的正义理论作为核心问题来探讨，对“马克思如何看待正义”“马克思缘何批判资本主义，是否基于正义等道德观念”“平等能否成为社会主义的价值目标”等问题进行了很多新解读和新阐释，形成一批具有影响的研究成果，在一定程度上丰富和发展了马克思恩格斯社会公平理论，但是这些发展成果并没有作为执政党的国家意志在实践中得到推广、检验、修正和完善。

与西方马克思主义对马克思恩格斯社会公平理论的发展不同，苏联和中国的马克思主义者不但在理论上丰富和发展了马克思恩格斯社会公平理论，而且把马克思恩格斯社会公平理论运用到实践中，在国家实践中丰富和发展了马克思恩格斯社会公平理论。

1917 年，在列宁的领导下，十月革命胜利之后，苏俄（后来的苏联）建立了人类历史上第一个社会主义国家。列宁继承了马克思恩格斯社会公平理论，坚持从俄国的实际出发，积极探索俄国在经济文化落后条件下如何推进社会公平。在政治方面，建立苏维埃政权，无产阶级掌握了国家政权，俄国共产党（布尔什维克）成为执政党，为推进社会公平提供了强有力的政治保证。在经济方面，在国内战争时期采取了一些经济政策，加速对资本家剥夺的步伐，实行工业的国有化。恢复生产，恢复被战争破坏的国民经济。提出并实施新经济政策。这些实践为推进社会公平奠定了经济基础。在文化方面，重视文化建设，鼓励吸收资本主义发达国家的先进科学技术、生产方法和管理方法等一切先进有用的经验。重视专家技术人才。重视发展教育，改造旧的教育制度，建立为人民利益服务的新学校。苏联的国家实践，把马克思恩格斯社会公平理论上升为国家意志，在实践中得到运用、推广、检验、修正和完善，极大地丰富和发展了马克思恩格斯社会公平理论。

1949 年，在中国共产党的领导下，中国人民取得了新民主主义革命的胜利，建立了社会主义国家。毛泽东、邓小平、江泽民和胡锦涛根据马克思恩格斯社会公平理论，结合中国的具体实际，把社会公平上升到国家意志，在实践中推进社会公平。在政治上，建立人民民主专政的国体，工人阶级掌握了国家政权。在经济上，通过社会主义改造确立社会主义生产资料公有制的基础地位。解放和发展生产力，奠定了社会公平的物质基础。确立按劳分配的主体地位。在文化教育方面，改革教育制度，办人民的教育。弘扬社会主义精神，高扬公平正义的价值理念。在社会方面，逐步建立健全社会保障制度，为广大人民解决后顾之忧。这些实践极大地减少和消除了社会不公，提升了社会公平。

苏联和中国不断把马克思恩格斯社会公平理论同各自国家的具体实践相结合，极大地丰富和发展了马克思恩格斯社会公平理论。从这个意义上来说，本书总结归纳马克思恩格斯社会公平理论在苏联和中国的发展，能够更好地把握马克思恩格斯社会公平理论的发展。

第二，马克思恩格斯社会公平理论在苏联和中国的发展具有典型性。马克思恩格斯社会公平理论在苏联和中国的发展具有典型性，这种典型性表现在：其一，苏联和中国都是在马克思恩格斯社会公平理论的指导下对这一理论进行丰富和发展。在理论和实践中，列宁、毛泽东、邓小平、江泽民和胡锦涛坚持把马克思主义的基本原理与本国的实际相结合，并在此前提下丰富和发展马克思恩格斯社会公平理论。其二，苏联和中国所面对的都是“在经济文化落后的国家如何推进社会公平”这一问题，苏联和中国的领导人从本国实际出发，提出了一些创造性的想法，并在实践中不断摸索，获得了很多有益的经验，为其他面对同样问题的国家推进社会公平提供了很好的借鉴。其三，就推进社会公平的效果而言，苏联和中国对马克思恩格斯社会公平理论的发展也具有典型性。在列宁的领导下，苏联的社会公平得到很大提升。在中国，虽然在毛泽东领导下曾经陷入过平均主义的误区，但是毛泽东在理论和实践中构建了中国社会公平的制度保障体系，极大地提升了社会公平。改革开放以来，在汲取过去经验教训的基础上，邓小平、江泽民和胡锦涛在坚持马克思恩格斯社会公平理论的前提下，从中国具体国情出发，在把握时代特征和中国所处的社会主义初级阶段这一历史阶段的前提下，在理论上创新，在实践中摸索，不断把理论和实践相结合，在渐进式的改革中，社会公平得到很大提升。正因为苏联和中国在推进社会公平实践中效果不同，本书总结归纳马克思恩格斯社会公平理论在苏联和中国的发展，能够从多个方面、多个角度考察马克思恩格斯社会公平理论的发展。正因为马克思恩格斯社会公平理论在苏联和中国的发展中的这些典型性，本书选择了考察马克思恩格斯社会公平理论在苏联和中国的发展，试图从中总结出马克思恩格斯社会公平理论的新内容、新进展，更好地把握马克思恩格斯社会公平理论的发展，也为其他社会主义国家推进社会公平提供有益借鉴。

六、本书的研究方法与创新点

对于研究工作来说，研究方法是非常重要的。我们以马克思主义的辩证唯物主义和历史唯物主义为指导，从客观实际出发，实事求是地分析社会公平的相关资料，运用全面的、联系的、发展的观点把握马克思恩格斯关于社会公平的思想，在客观规律性与主观能动性的统一中把握其历史的演进，站在最广大人民的根本利益的立场上来评价其历史地位和价值。具体来说，研究方法有：

第一，逻辑与历史相统一的方法。理论和历史的发展具有统一性。历史从哪里开始，理论发展的进程也应当从哪里开始，理论的发展是历史过程的抽象的理论上的反映。“社会公平理论”是一个历史范畴，只有坚持逻辑与历史相统一的方法，才能真正揭示其发展的规律。本文在考察马克思恩格斯社会公平理论及其发展的基础上，自觉站在历史与逻辑的视角，把握马克思恩格斯社会公平理论在理论和实践中的发展。

第二，分析与综合相统一的方法。马克思恩格斯社会公平理论是一个系统的整体，其内容非常丰富。本文在对马克思恩格斯社会公平理论的主要内容进行研究的基础上，把马克思恩格斯社会公平理论综合成一个系统的整体，这个整体包括社会公平的根源、目标、属性、标准、实现。

第三，静态研究和动态研究相结合的方法。任何一个伟大的思想，都处在不断生成、发展和灭亡的不断变化中。马克思恩格斯社会公平理论在一定阶段具有相对稳定性，但同时也是一个动态演变过程。本书在系统研究马克思恩格斯社会公平理论主要内容的基础上，考察了马克思恩格斯社会公平理论的发展，系统总结提炼了列宁对马克思恩格斯社会公平理论的发展，归纳总结了毛泽东、邓小平、江泽民和胡锦涛对马克思恩格斯社会公平理论的发展。这种动态和静态相结合的研究有助于更全面准确地把握马克思恩格斯社会公平理论。

第四，理论和实践相结合的方法。理论与实践相结合是马克思主义的一种重要的方法。从理论的角度来看，马克思恩格斯社会公平理论的内容散见在马克思主义经典作家和社会主义国家党和领导人的相关论著中，必须对这些资料进行分析、归纳、总结，从中梳理出马克思恩格斯社会公平理论的主要内容。从实践的角度来看，马克思恩格斯社会公平理论不是空洞的幻想，而是来源于实践，在实践中不断被检验并不断发展的。因此，在研究中，需要具体考察社会公平理论的实践背景，要考察哪些是被实践检验为正确的科学的内容，哪些是被实践检验为错误的内容，还要考察社会公平理论在实践中是怎么发展的、在哪些方面有所发展、发展的最新形态。而且，更重要的是，要理论联系实践。本书把马克思恩格斯社会公平理论及其发展的理论成果用于分析解决中国现阶段实践中遇到的社会不公问题，提出了推进社会公平的一系列建议。

本书的创新表现在以下几个方面：

第一，在对马克思恩格斯社会公平理论的理论基础的研究方面，详细论述了马克思恩格斯如何从实践的观点、社会存在与社会意识的关系、阶级的观点、人民群众创造历史的观点出发构建他们的社会公平理论。

第二，在对马克思恩格斯社会公平理论的基本内容研究方面，通过文本研究，从社会公平的根源、社会公平的目标、社会公平的属性、社会公平的标准、社会公平的实现五个方面对马克思恩格斯社会公平理论作出了新的归纳概括；从马克思恩格斯对蒲鲁东、拉萨尔、杜林进行批判的角度解读了马克思恩格斯关于社会公平的根源和实现的部分内容。

第三，从多个角度、多个方面系统论述毛泽东、邓小平、江泽民和胡锦涛对马克思恩格斯社会公平理论的继承和发展。

第一章　马克思恩格斯社会公平理论的思想渊源和理论依据

马克思恩格斯社会公平理论是在继承前人的优秀成果的基础上形成和发展起来的，德国古典哲学、英国古典政治经济学以及空想社会主义的公平正义思想，为马克思恩格斯创立社会公平理论提供了深厚的思想源泉。马克思恩格斯社会公平理论不是空中楼阁，不是凭空臆想出来的，它建立在科学的、深厚的理论基础之上。我们认为，历史唯物主义关于实践、社会存在与社会意识的关系、阶级、人民群众是历史发展的动力等观点，都为马克思恩格斯研究社会公平问题提供了理论基础。本章在理清马克思恩格斯社会公平理论思想渊源的基础上，确证马克思恩格斯社会公平的理论基础，并论证马克思恩格斯如何从这些理论出发构建自己的社会公平理论。

一、马克思恩格斯社会公平理论的思想渊源

马克思恩格斯社会公平理论是在继承前人的研究成果的基础上形成和发展起来的，德国古典哲学、英国古典政治经济学以及空想社会主义的公平正义思想，为马克思恩格斯社会公平理论的诞生提供了肥沃的土壤和深厚的思想条件。

（一）德国古典哲学

德国古典哲学对马克思恩格斯社会公平理论的影响是非常大的。马克思恩格斯不但吸收和继承德国古典哲学的代表人物康德、黑格尔和费尔巴哈关于社会公平思想的精华，而且在此基础上超越了他们。

康德认为，真正的公平是善良意志，是自由意志，是无条件的绝对命令。他把理性和现实对立起来，用理想来批判现实，运用到公平问题上，他认为，善良意志和绝对命令的社会公平理想并不存在于现实生活中，只存在于彼岸世界，因而真正的社会公平理想是永远也达不到的。受康德的影响，马克思重视自由，把自由作为其思考问题的哲学基础。但是，马克思把康德的社会公平理想植根于深厚的现实土壤，从现实的物质基础出发探究社会公平理想，寻找实现社会公平理想的途径，这是对康德的一大超越。另外，康德对人的关注也深深影响了马克思。康德把人作为目的，重视人的作用和价值，国家的目的就是要保障人的自由、人与人之间的平等的关系，从而使整个社会处于有序和谐的状态，人们能以自己合适的方式追求合法的利益。在康德的影响下，马克思对人类的幸福进行深入思考和研究，重视人类的地位和尊严，这也为他确立公平正义的目标提供了丰厚的思想源泉。

黑格尔奉行唯心主义公平观，他认为，理性是自我意识，自我意识是世界发展的决定力量。正义是理性和绝对精神的化身，正义是宪法的依据，是一切的依据。只要按照正义建立起理性的王国，就能把人从君权和神权的压迫中解放出来，获得真正的自由和平等，获得真正的解放。马克思发现了这一思想的局限性，黑格尔的理性思想无法合理解释现实社会的一些社会问题。马克思对这一问题进行深入研究，他批判了黑格尔的法哲学，认为黑格尔颠倒了思维和存在的关系。马克思认为不能仅仅从理性、自我意识去理解法的关系，而应该深入到这一关系所依托的物质生活，深入到市民社会中的经济关系，来解读一系列社会问题。

费尔巴哈的人本主义思想对马克思的影响是巨大的，在《关于费尔巴哈的提纲》这篇包含着天才思想火花的文章中，马克思在继承费尔巴哈思想精华的基础上实现了对他的超越。费尔巴哈高扬人的价值和尊严，他认为人和动物的区别在于人的类本质，这一类本质是人的理性、意志和爱。而且，他把人看做具体的、感性存在的人，把人看做处于社会交往中的人，而不是纯粹抽象的人。马克思汲取费尔巴哈把人看做社会的人的思想，不是从抽象的人出发，而是把人作为社会的存在，作为现实物质生产过程的社会的人，抛弃黑格尔的抽象的人，进而探究社会公平的一系列问题，从而使对社会公平的研究奠定了唯物主义基础，逐渐走出了唯心主义的迷雾。

（二）英国古典政治经济学

马克思恩格斯非常重视从政治经济学意义上来研究社会公平。他们认为，社会公平不是日常生活中人们对各种简单情况的判断，而是和现实的经济关系联系在一起的，如果不把公平放到经济学领域中加以研究，就会引起工人阶级思想上的混乱。恩格斯在《做一天公平的工作，得一天公平的工资》中对公平的概念进行了界定，他认为，在道德上是公平的甚至在法律上是公平的，而从社会上来看很可能是不公平的。社会的公平或不公平，只能用一种科学来断定，那就是研究生产和交换的物质事实的科学——政治经济学。恩格斯比较了伦理学意义上的公平和法学意义上的公平以及政治经济学意义上的公平，认为在伦理学和法学意义上的公平并不能决定社会的公平，社会的公平只能由政治经济学意义上的公平来判定。也就是说，只有政治经济学意义上的公平是最本源意义上的公平。

基于这一观念，马克思深入研究英国古典政治经济学，对亚当·斯密和李嘉图等资产阶级经济学家的著作进行批判性的分析，在此基础上创立了无产阶级的政治经济学。马克思通过对资本、劳动等范畴的分析，深刻地指出资本主义社会中无产阶级承受压迫和剥削的经济根源，从而真正找到资本主义社会不公的根源，从经济关系出发分析社会公平标准的变化，这就使马克思恩格斯社会公平理论逐渐走向完善和成熟。

马克思从英国古典政治经济学中汲取丰富的思想营养，并在此基础上实现了对它的超越。英国古典政治经济学对生产、分配、交换、消费的论述和研究，深化了对人类经济活动的理解和认识，马克思肯定了这一划分的重要意义，但也指出了这一划分的局限性在于没有深入探索生产、分配、交换、消费之间的内在关系。马克思在继承古典政治经济学这一划分的基础上，深入到人类经济活动内部研究生产、分配、交换、消费之间的关系，这为研究社会不公的根源奠定了基础。

另外，英国古典政治经济学对资本主义社会生产的研究无疑影响了马克思对资本主义社会的批判和研究。但是，英国古典政治经济学对资本主义社会生产的研究只是要解决资本主义社会的生产、交换、消费和分配问题，并以维护资产阶级的利益为最终目的。马克思则在汲取英国古典政治经济学重视研究社会生产这一思想营养的基础上，深入到生产力与生产关系、经济基础与上层建筑的关系中去研究资本主义社会，对资本主义社会的社会不公进行深刻的批判。

（三）空想社会主义

空想社会主义者圣西门、傅里叶和欧文的思想是马克思恩格斯社会公平理论的重要思想来源。马克思恩格斯社会公平理论是在批判地继承空想社会主义者的思想的基础上不断发展起来的。

空想社会主义者对资本主义社会不公进行了严厉的批判，他们认为私有制是导致资本主义社会不公的重要原因。“私有制存在一天，人类中的绝大部分也是最优秀的一部分将始终背上沉重而甩不掉的贫困灾难的担子。”① 因此，消除社会不公，就需要对所有制进行规定，使所有制为整个社会服务，而不是为少数人服务。为此，他们主张废除私有制，建立公有制的理想社会。他们设想了未来社会在生产资料公有制基础上，社会成员共同劳动，共同分享劳动成果。虽然空想社会主义的这一主张并没有找到废除私有制，建立以公有制为基础的理想社会的根本途径，但是这些思想为马克思恩格斯创立科学共产主义理论以及探索社会公平的实现途径提供了丰厚的思想来源。

空想社会主义者对如何分配社会劳动成果进行了设计，其中包含

---

① ［英］莫尔：《乌托邦》，商务印书馆 1982 年版，第 44 页。

按劳分配、按需分配的思想萌芽。例如，圣西门就主张在未来社会制度下，每个人都要劳动，在共同劳动的基础上，个人收入的分配应该实行“按能力分配，按劳动计酬”的分配原则，使每个劳动者都能够获得应得的劳动收入。欧文认为，按劳分配只是生产力还不够发达，社会产品还不充分条件下的一种暂时性的分配原则，随着生产力水平的不断提高，当生产力的足够发达能够充分满足社会成员的物质文化需求时，就可以实行按需分配。在高度赞扬空想社会主义的这一系列思想的基础上，马克思汲取了这些思想的合理成分，这些思想成果是马克思恩格斯提出的共产主义社会公平分配原则思想的重要来源。但是，由于历史的经济条件的限制，这些思想还带有很多空想的成分，没有找到消除社会不公，实现社会公平的根本途径，是不成熟的理论。马克思恩格斯看到这一局限性，认识到要从整个历史发展的规律的视角认识资本主义社会，才能把握资本主义社会的本质，找到资本主义社会社会不公的深刻根源，从而进一步提出通过阶级斗争推翻资本主义社会，实现没有剥削和压迫的公平正义社会的主张，这就超越了空想社会主义者的思想。

二、马克思恩格斯社会公平理论的理论依据

在哲学的发展史上，唯物主义和唯心主义的斗争一直存在，但是在人类社会发展问题上，旧唯物主义和唯心主义都陷入了唯心主义。马克思深刻批判了旧唯物主义，主张从实践的观点理解人类社会的历史。他指出，从前一切唯物主义的主要缺点是，“对对象、现实、感性，只是从客体的或者直观的形式去理解，而不是把它们当做人的感性活动，当做实践去理解，不是从主体方面去理解”①。马克思恩格斯创立的历史唯物主义科学地揭示了人类历史的发展规律，也使得人类社会的社会公平理论第一次建立在科学的基础之上。

① 《马克思恩格斯选集》（第1卷），人民出版社1995年版，第58页。

（一）实践的观点

1. 实践是人特有的存在方式

在马克思主义哲学中，实践是人有目的地改造客观世界的物质活动。实践是以人为主体，以客观事物为对象的现实活动。实践是人存在的本质，是人特有的存在方式。

实践活动不仅是一种客观现实性的活动，而且是一种主观能动性和社会历史性的活动。实践的广度、深度和发展都受客观条件的制约和客观规律的支配。通过实践活动，人“还在自然物中实现自己的目的”①。实践一开始就是社会的实践，是历史地发展的实践。

正是在此基础上，马克思恩格斯在研究社会公平问题时，不是研究抽象的虚幻的社会公平，而是立足于人们的实践活动，从考察人类的实践活动出发，探索社会公平的根源、属性、标准等。在社会公平的根源方面，马克思批判了蒲鲁东从主观想象中寻找公平正义的根源的错误思路，批判了杜林认为公平根源于“抽象的人”的错误观点。在此基础上，马克思从人类的实践特别是物质生产实践中寻找社会公平的根源。在社会公平的属性方面，正因为实践具有主观能动性、目的性，具有不同观念、目的、阶级立场的人就会有不同的公平认识，因此社会公平具有阶级性。正因为实践具有历史性，随着实践的不断发展变化，特别是物质生产实践的变化，实践中人、群体、社会之间的利益关系就会发生一定变化，在此基础上，人们对社会公平的认识也会随之发生改变。在社会公平的标准方面，正是因为实践具有的历史性，随着实践的发展变化，社会公平的标准也会发生变化。社会公平标准不是抽象的、固定的，而是是否符合一定历史条件下生产力和生产关系的发展方向。

2. 物质生产实践是全部社会生活的基础

马克思恩格斯认为，物质生产实践是人类生存的“第一个历史活动”②，这一实践对人类社会的发展具有决定性的作用，是整个社会发展

---

① 《马克思恩格斯全集》（第 23 卷），人民出版社 1995 年版，第202 页。
② 《马克思恩格斯选集》（第 1 卷），人民出版社 1995 年版，第 2 页。

的基础。

在此基础上，马克思恩格斯研究社会公平问题时，立足资本主义社会的物质生产实践活动。马克思恩格斯生活在19世纪的西欧，随着资本主义的生产方式在西欧主要国家逐步占据统治地位，资本主义生产方式固有的生产资料的私人占有制和生产社会化之间的矛盾日益显露出来。马克思立足资本主义的实践活动，特别是资本主义的物质生产实践活动，从这一实践活动出发，研究资本主义社会的社会不公问题，透析了资本主义社会的社会不公根源并不在于任何主观虚幻的东西，任何把社会不公的原因归根于主观的假象的东西的观点都犯了历史唯心主义错误。资本主义社会的社会不公的根源在于资本主义的物质生产实践活动，其总根源是资本主义生产资料私有制。

（二）社会存在与社会意识的关系

"社会历史的运动，只有通过这二者的关系才能实现；人们对社会现象和历史过程的认识，也只有通过这二者的关系才能把握。"① 人们对二者关系所持有的相反观点，构成了历史观中的两个基本派别——历史唯物主义和历史唯心主义。马克思主义坚持历史唯物主义，历史唯物主义是马克思恩格斯研究、构建社会公平理论的理论基础。

1. 社会存在决定社会意识

马克思主义认为，社会存在决定社会意识，社会意识是对社会存在的反映。社会物质生产方式制约着整个社会的政治生活和精神生活。不是社会意识决定社会存在，相反，是社会存在决定社会意识。社会意识随着社会存在的变化而变化。随着历史条件的变化，社会意识也会发生变化并与新的历史条件相适应。意识形态的更替，其原因归根结底要从物质生产方式的变化中去寻找。

以此为基础，马克思恩格斯认为，社会公平理论属于社会意识，其内容只能来源于社会存在，只能是人们在社会物质交往活动过程中所产生的各种权利和利益分配关系在人的头脑中的主观反映。因此，马克思

---

① 肖前：《马克思主义哲学原理》，中国人民大学出版社1998年版，第215页。

恩格斯研究社会公平，是从现实的社会存在中，从人们在社会物质交往活动中的各种利益关系中去寻找，而不是到人的头脑中或其他社会意识中去寻找。例如，马克思在研究社会公平的阶级性时就指出，在阶级社会，不同阶级社会公平认识是社会存在的不同的阶级关系在观念上的反映。在一定的阶级社会里，人们处于不同的经济地位，处于不同的阶级关系中，因此不同的人们站在不同的阶级立场，就会对社会公平有不同的主张和认识。在经济上占统治地位的阶级的社会公平观反映的是统治阶级的利益，主张维护统治阶级的地位和权益，他们的社会公平观很少考虑被统治阶级的权利。而处于被统治阶级的社会公平观必然否定统治阶级的剥削和压迫，要求得到符合他们阶级观的公平对待。

从这一基础出发，马克思认为，任何关于社会公平观点和思想的发展变化，归根结底要到物质生产方式的变化中去寻找，而不是到人们的意识中去寻找原因。应该具体研究特定历史条件下的生产力和生产关系的发展，不应该脱离具体的生产力和生产关系的发展变化去研究社会公平观点和思想的发展变化。恩格斯明确指出：“对现存社会制度的不合理性和不公平，对‘理性化为无稽，幸福变成痛苦’的日益觉醒的认识，只是一种征兆，表示生产方法和交换形式已经不知不觉地发生了变化。”[①] 生产力的发展变化和生产关系的发展变化导致社会生产方式的发展变化，但是，归根结底，社会意识的发展变化是由生产力的发展变化决定的。从这一理论基础出发，马克思认为，社会公平的发展变化的最终决定力量是生产力的发展变化，生产力的发展水平决定着社会公平的具体内容、层次和水平，随着生产力的发展变化，社会公平也会发展变化，社会公平的内容、层次和水平都会发生具体的变化。如果离开具体历史条件下生产力的发展水平而抽象地谈论社会公平，社会公平将成为无源之水、无本之木。

正因为社会意识随着社会存在的变化而变化，因此，马克思恩格斯在考察作为社会意识的范畴的社会公平思想的变化和发展时，从物质生产方式的变化中去寻找根本原因。

---

① 《马克思恩格斯选集》（第3卷），人民出版社1995年版，第741页。

2. 社会意识对社会存在具有反作用

社会意识具有相对独立性。社会意识也存在着与社会存在相脱离、相背离的性质和倾向。也就是说，一方面，二者的发展变化不完全同步；另一方面，社会意识的发展同经济发展水平之间具有不平衡性。社会意识反作用于社会存在，代表社会发展方向的社会意识促进社会存在，落后、反动的社会意识对社会存在具有巨大的阻碍作用。

在此基础上，马克思在研究社会公平问题时，认识到社会公平思想对社会存在的相对独立性。例如，马克思研究了未来社会主义社会（共产主义社会第一阶段）的公平问题，提出了一系列非常有价值的思想。虽然马克思恩格斯所生活的社会还是资本主义社会，但是马克思恩格斯的社会公平思想作为先进的社会意识，可以在一定程度上超越资本主义社会的社会存在状态，科学预见未来社会公平的提升和发展。再如，马克思对资产阶级的社会公平思想进行了尖锐的批判，指出资产阶级所奉行的所谓“社会公平”的虚伪性，认为这一社会公平思想已经不能适应生产方式的需要，是落后的社会意识，应该予以抛弃，代之以更先进的无产阶级的社会公平观，从而不断推动生产方式的不断发展。

（三）阶级的观点

随着资产阶级登上历史舞台，资本主义社会的重要矛盾逐渐表现为资产阶级和无产阶级的矛盾，其集中体现就是 19 世纪 30—40 年代的欧洲三大工人运动——法国里昂丝织工人两次起义、英国宪章运动、德国西里西亚纺织工人起义，这三大工人运动标志着无产阶级作为独立的阶级登上了历史舞台。随着无产阶级力量的不断发展壮大，无产阶级向资产阶级提出了自己的要求，社会主义革命运动逐渐开展起来。

历史唯物主义认为，由于在一定的社会经济结构中处于不同的地位，就出现了不同的阶级。一定的社会阶级形成之后，会在政治思想、道德感性等方面表现自己的特征。由于不同的阶级在一定的经济关系中的根本对立的地位，权利和利益关系上的对立和冲突，导致阶级斗争是不可避免的。随着生产力的巨大发展，阶级的消灭是不以任何人的意志为转移的客观过程。消灭剥削阶级则只是消灭阶级的第一步，还远远不是一切阶级差别的消灭。彻底消灭阶级和阶级差别不但需要经过一定范围的斗争，而且还需要创造一系列物质条件和精神条件。无产阶级反对资产阶级的斗争，是人类阶级斗争史上一场“最后的斗争”。无产阶级通过社会主义革命，推翻剥削阶级的统治，彻底消灭生产资料的私有制，消灭历史上最后一种剥削制度——资本主义制度，彻底消灭剥削阶级。

根据历史唯物主义的这一观点，马克思恩格斯认为，在不同的社会历史条件下，由于生产力状况所决定生产关系的不同，由此形成不同的阶级，在此基础上所形成的社会公平理论也必然有所不同甚至差别悬殊，这些不同的社会公平理论反映了不同阶级所处的物质条件、阶级地位、利益要求等等。社会公平理论具有阶级性，不存在抽象的代表所有阶级的社会公平理论。

随着阶级斗争的开展，阶级力量对比的变化，新的阶级登上历史舞台，落后的阶级退出历史舞台，社会公平理论也必然相应地发生改变，旧的不适应生产力和生产关系发展的社会公平理论将被淘汰，适应新的生产方式和先进阶级诉求的社会公平理论将产生并取得共识。马克思恩格斯认为，应当通过阶级斗争，推翻资产阶级的统治，无产阶级掌握国家政权后，实现无产阶级的社会公平，他们还提出了代表无产阶级利益的社会主义社会应实现的公平分配，这些公平是有别于资本主义社会中代表资产阶级利益的公平。

（四）人民群众是历史的创造者

马克思主义认为：“人民群众作为社会历史的范畴，是指在历史的进程中以群体力量发挥作用，未留下自己的姓名和打上个人意志印记的人们。”① 随着社会历史的发展变化，人民群众的内容也发生变化。社会历史发展是不同方向的各种各样的合力作用的结果，社会发展方向不是由个别英雄人物的个体动机决定的，人民群众才是实现社会发展的决定力量。人心向背是在历史发展进程中起决定性作用的力量，因为它是以人民群众的现实物质利益为基础的，顺应人民群众的基本愿望和利益诉求，

---

① 肖前：《马克思主义哲学原理》，中国人民大学出版社 1998 年版，第 318 页。

也就是顺应历史发展的潮流；违背人民群众的基本愿望和利益诉求，就是违背了历史发展的趋势，必将遭到应有的惩罚。

从历史唯物主义的这一观点出发，马克思恩格斯在研究社会公平问题时，具体分析了在特定历史条件下人民群众概念的具体内容、人民群众的利益诉求。他们认为，判断任何社会公平是否具有历史进步性，从根本上来说，要看这一理论是否代表该历史条件下人民群众的根本利益。那些代表一定历史条件下人民群众根本利益的社会公平理论，反映了历史发展的潮流和趋势，具有历史的进步性，能在社会公平理论的发展史上占有自己的地位；反之，那些逆历史潮流，不能反映特定历史条件下人民群众根本利益的社会公平理论，就是落后的理论，也必将被历史所淘汰。

本章小结

本章研究了马克思恩格斯社会公平理论的思想渊源和理论依据，回答了马克思恩格斯社会公平理论“从哪里来”和“以什么为理论依据”这两个重要的理论问题。本章认为德国古典哲学、英国古典政治经济学、空想社会主义是马克思恩格斯社会公平理论的思想源泉，并具体分析了马克思恩格斯如何在对德国古典哲学、英国古典政治经济学、空想社会主义批判继承的基础上实现了对他们的超越；具体分析了马克思恩格斯如何从马克思主义关于实践的观点、社会存在和社会意识的关系、阶级的观点、人民群众是历史的创造者的观点等理论出发研究社会公平，构建社会公平理论。

第二章　马克思恩格斯社会公平理论的主要内容及其特征

马克思恩格斯社会公平理论的主要内容包括五个方面，即社会公平的目标、社会公平的根源、社会公平的属性、社会公平的标准、社会公平的实现。

一、马克思恩格斯社会公平理论的主要内容

（一）社会公平的目标

消灭剥削，消灭压迫，消灭一切社会不公，实现公平正义，实现人类社会真正意义上的公平正义，这是马克思恩格斯毕生追求的首要价值和基本目标，可以说，他们创立的马克思主义理论和领导国际共产主义运动的过程就是一部追求人类社会公平正义的历史。

马克思恩格斯关于社会公平目标的思想是在对非马克思主义观点的批判中逐渐形成的。杜林秉持先验主义的公平正义观，把他认为的所谓“社会主义社会”确定为社会公平的目标，恩格斯对杜林的这一观点进行了深入的批判。

杜林认为社会公平的目标就是要实现未来的“社会主义社会”，社会由经济公社的联邦组成。经济公社是共同支配一定区域的土地和生产企业的人们的联合，在公社中，人们共同劳动，共同分配劳动收入。具

体来说，杜林对这一社会的构想包括以下几个方面的内容：第一，平等的交换。在未来的“社会主义社会”，生产资料归集体所有，集体是一切产品的所有者，因此产品的交换不是发生在个人之间，而是发生在经济公社和它的成员之间，发生在各个经济公社和商业公社之间。在这些交换中，一种劳动将会按照平等原则和别的劳动相交换，从而实现劳动贡献和劳动报酬的相等。第二，平等的价格。在商品之间的交换中，经济公社应该根据商品的平均生产费用和生产该商品付出的劳动量规定该商品的统一价格，商品交换依据这一统一的价格进行。第三，平等的工资。根据等量劳动和等量劳动相交换的原则，经济公社付给每个社会成员劳动所得，每个公社社员的报酬都是相等的。

恩格斯认为，杜林构建的社会公平目标只是一种空想或幻想。原因如下：第一，按照杜林的设计，积累被遗忘了，因为积累是社会的必需，而且货币的保存是进行积累的方便形式，这样私人积累就会出现，从而破坏公社社员之间的公平关系。如果要避免这一状况，公社就只能自己进行积累，通过付给公社社员少于他的劳动量的货币，把结余的货币用于积累。这样，公社就是在剥削社员，也会损害社会公平。可见，根据杜林对未来社会的设计所产生的两种后果都将造成社会不公。第二，杜林设想的公平交换和分配原则脱离了物质生产实践，只是一种空想。杜林把生产环节和交换环节合并为一个环节即生产，然后把分配和生产相并列，分配和生产没有任何关系。也正因为如此，杜林对资本主义社会的生产方式几乎没有提出任何异议，对经济公社内部的生产也没有作具体的说明和论述。这样，他把本来应该属于经济学的分配理论看做属于道德和法领域的理论，脱离了分配理论所依据的客观物质事实，把它看做主观感觉的东西，因此他不必要去进行研究或论证，只按照他自己的想象的“道德的和正义的方式”① 夸夸其谈就足够了。马克思恩格斯认为，生产决定分配，“分配就其决定性的特点而言，总是某一个社会的生产关系和交换关系以及这个社会的历史前提的必然结果”②。杜林所设想

---

① 《马克思恩格斯选集》（第3卷），人民出版社1995年版，第499页。
② 《马克思恩格斯选集》（第3卷），人民出版社1995年版，第496页。

的社会主义社会的公平分配则脱离了现实生产，所以是不可能实现的。

在确立社会公平的目标的过程中，马克思恩格斯进行了一系列艰辛的探索。1842 年，马克思在为《莱茵报》所撰写的文章中设想建立“相互教育的自由人的联合体”[①]，马克思恩格斯在《德意志意识形态》中对未来理想社会作出了一系列初步的设想：在共产主义社会里，每个人的活动范围都没有受到限制，他们可以在任何部门内自由地发展，“可能随自己的兴趣”[②]。1848 年，马克思恩格斯提出建立联合体的设想，“在那里，每个人的自由发展是一切人的自由发展的条件”[③]。1877 年，马克思进一步指出，未来的共产主义社会是“在保证社会劳动生产力极高度发展的同时又保证每个生产者个人最全面的发展的这样一种经济形态”[④]。恩格斯在《家庭、私有制和国家的起源》中提出，社会终究会发展到那一天，人类的理智一定会强健到使社会正确支配财富，社会利益与个人利益将形成公正而和谐的关系。[⑤] 可见，经过艰难而持续的探索，马克思恩格斯在人类历史上首次把社会公平同全人类的解放联系在一起，把实现社会公平完全寓于共产主义社会的伟大理想之中，提出了社会公平的目标是建立共产主义社会。

社会公平是人类永远执着追求的社会理想，马克思把共产主义社会作为社会公平的目标，“真正的自由和真正的平等只有在公社制度下才可能实现”[⑥]。共产主义社会是人类社会最高级的社会形态，社会全体成员共同占有生产资料，消除了少数人凭借对生产资料的占有而剥削压迫另一部分人，消灭了阶级和国家，消灭了“三大差别”造成的社会不公，真正实现了社会公平。

第一，生产力的高度发达，人摆脱了自然的奴役，成为真正自由的人。马克思恩格斯考察人类社会发展的历程，认为人类社会的发展可以

---

① 《马克思恩格斯全集》（第 1 卷），人民出版社 1956 年版，第 118 页。
② 《马克思恩格斯选集》（第 1 卷），人民出版社 1995 年版，第 85 页。
③ 《马克思恩格斯选集》（第 1 卷），人民出版社 1995 年版，第 294 页。
④ 《马克思恩格斯文集》（第 3 卷），人民出版社 2009 年版，第 466 页。
⑤ 《马克思恩格斯文集》（第 4 卷），人民出版社 2009 年版，第 198 页。
⑥ 《马克思恩格斯全集》（第 3 卷），人民出版社 2002 年版，第 482 页。

划分为三个阶段：第一个历史阶段是“人的依赖关系”占统治地位的阶段，这一阶段就是自然经济状态下的前资本主义历史时期；第二个历史阶段是“以物的依赖为基础的人的独立性”的阶段，它指的是商品经济普遍化的资本主义历史时期；第三个历史阶段是“建立在个人全面发展和他们的共同的社会生产能力成为他们的社会财富这一基础上的自由个性”[①] 的阶段。在第一和第二个历史阶段，生产力不够发达，物质产品还未能很好地满足人们的需求，因此人们要为谋生而工作，满足自己的各方面需求。这样，人们就必然受自然的奴役和束缚，得不到真正的自由和公平。但是，在马克思恩格斯设想的未来共产主义社会，生产力高度发达，社会财富充分涌流，能极大地满足人们的物质需求，劳动已经不仅仅是谋生的手段，而且成了生活的第一需要。这样，人们才能摆脱自然的奴役，获得真正的自由和公平。

第二，剥削关系的消灭。在资本主义社会，无产阶级受资产阶级的剥削和压迫，社会严重不公。马克思恩格斯认为，要消灭这种社会不公，实现社会公平，就要建立共产主义社会。在共产主义社会里，阶级、政权、政党都将彻底消灭，一部分人对另一部分人的统治和压迫将被消灭，人和人之间、人和社会之间的利益关系得到公平地协调，人人共享、普遍受益，实行“各尽所能，按需分配”[②]，“人和自然之间、人和人之间的矛盾的真正解决，……个体和类之间的斗争的真正解决”[③]。

第三，人的自由全面发展的实现。共产主义社会是消灭了社会分工、消灭了“三大差别”以及消灭了由分工带来的人的异化的社会，是人对人本质的真正占有的社会，是实现人的自由全面发展的社会。马克思恩格斯认为，如果社会分工不是出于人的自愿，“人本身的活动对人来说就成为一种异己的、同他对立的力量，这种力量压迫着人，而不是人驾驭着这种力量”[④]。就必然导致人的不自由，脱离人的本性，使人被异化和

---

① 《马克思恩格斯全集》（第 46 卷）（上卷），人民出版社 1979 年版，第 104 页。

② 《马克思恩格斯选集》（第 3 卷），人民出版社 1995 年版，第 305—306 页。

③ 《马克思恩格斯全集》（第 42 卷），人民出版社 1979 年版，第 120 页。

④ 《马克思恩格斯选集》（第 1 卷），人民出版社 1995 年版，第 85 页。

被分化。而在共产主义社会，消灭了社会分工和“三大差别”，把人从异化中解放出来。正如马克思恩格斯所说，共产主义社会真正解决了人与自然之间的矛盾和人与人之间的矛盾，实现了人向自身和社会的复归，实现了人对自己本质的真正占有，“是存在和本质、对象化和自我确证、自由和必然、个人和类之间的斗争的真正解决”①。在共产主义社会高级阶段，人的本体地位得以彻底回归，人从异化中被解放出来，人们可以完全按照自己的意愿自由地选择和变换职业，脑力劳动和体力劳动的对立不复存在，每个社会成员将成为自由、独立的人，他们摆脱了各种异化，摆脱了剥削和压迫，成为真正自己的人。他们有充分的自由依据自己的兴趣选择从事的职业，有充分的机会发展自己各个方面的才能，成为全面发展的人。社会中每一个社会成员的发展和其他社会成员的发展不是矛盾的、对抗的，而是相互促进、相互协调的；不是其他人发展的障碍，而是其他人发展的条件。

（二）社会公平的根源

自从人类社会产生以来，现实社会中的社会不公就普遍存在，人们对公平正义的诉求也就从来没有间断过。和马克思同时代的蒲鲁东和杜林奉行唯心主义社会公平理论，认为社会公平根源于人的主观想象和抽象的概念，马克思恩格斯对蒲鲁东和杜林进行了深入的批判。

马克思恩格斯认为，蒲鲁东从主观想象中寻找社会公平的根源，陷入了唯心主义。蒲鲁东是法国小资产阶级无政府主义者，在他所生活的年代，正是法国产业革命兴起之际。随着资本主义的发展，小农经济和手工业者处于破产的边缘，广大农民受地主、富农等的剥削，非常贫困。在这样的历史背景下，他发表了《什么是财产》《贫困的哲学》《19 世纪革命的总观念》等著作，寻求所谓的正义和平等。他所提出的解决社会问题的经济观和无政府主张，其目的就是要实现他倡导的公平正义。马克思恩格斯创立唯物史观之后，运用唯物史观对蒲鲁东及蒲鲁东主义者阿·米尔柏格的公平正义观进行了全面系统的批判，发表的《哲学的

---

① 《马克思恩格斯全集》（第 42 卷），人民出版社 1979 年版，第120 页。

贫困》《共产党宣言》《对普鲁东的〈19 世纪革命的总观念〉一书的批判分析》《论住宅问题》等著作就是这些批判的伟大成果。为了系统梳理马克思关于社会公平起源的思想，有必要重新回到马克思和蒲鲁东的思想交锋的具体语境中，重温这一思想交锋争论的焦点和内容。蒲鲁东认为，正义，就是平等，“就是在劳动的平等条件下使每个人分享一份相等的财产”①。也就是说，蒲鲁东认为，正义就是这样一种社会状态：每个人在平等劳动条件下进行劳动创造，每个人分得一份等额的财产。那么他对正义这一概念界定的依据是什么？他对正义这一概念界定的思路是什么？蒲鲁东认为，人是社会动物，具有社会性。人只有组成社会，才能更好地生存和发展。在社会中，人们必须进行一定的联合和协作，共同劳动，协作生产，这就必然产生各种各样的关系，“社会意味着各种关系的总和，总之就是体系”②，为了使这一体系存续下去，就必须遵循一定的条件和规则，而正义就是人类社会的条件和规则，是“人类社会的定律”③。“如果没有平等，无论商业、工业或农业的任何协作都是不可想象的；平等是协作的必要条件。所以，在与这种协作有关的一切问题上，侵犯协作关系就是侵犯正义与平等。”④

蒲鲁东对正义的这一界定，认为为了满足人类社会存续和发展的需要，才有了正义，只有遵循正义，人类社会才能存在和发展。很明显，他认为人类社会的需要就是人们主观上的需要，这其实是从主观想象出发，寻找正义的根源，所以并没有找到正义的真正根源。马克思认为，社会是人与人之间相互交往的产物，在社会发展过程中，人们是不能自由选择某一种社会形式的，社会形式是在一定的生产力和生产关系基础

---

① ［法］蒲鲁东著，孙署冰译：《什么是所有权》，商务印书馆 1982 年版，第 249 页。

② ［法］蒲鲁东著，孙署冰译：《什么是所有权》，商务印书馆 1982 年版，第 240 页。

③ ［法］蒲鲁东著，孙署冰译：《什么是所有权》，商务印书馆 1982 年版，第 240—241 页。

④ ［法］蒲鲁东著，孙署冰译：《什么是所有权》，商务印书馆 1982 年版，第 248 页。

上的产物："在人们的生产力发展的一定状况下，就会有一定的交换[commerce]和消费形式。在生产、交换和消费发展的一定阶段上，就会有相应的社会制度形式、相应的家庭、等级或阶级组织，一句话，就会有相应的市民社会。"① 从中可知，社会不是人们按照某种主观的正义原则构建而成的，而是在一定的生产力水平下，在生产、交换和消费活动发展到一定阶段的产物。一定的生产力和生产关系构成一定的社会经济基础，在此基础上形成一定的上层建筑。

马克思在《哲学的贫困》中更是非常明确地指出了蒲鲁东的错误在于他颠倒了观念范畴和现实的关系。"真正的哲学家蒲鲁东把事物颠倒了，他认为现实关系只是一些原理和范畴的化身。"② 马克思接着进一步分析了蒲鲁东犯这一错误的原因在于他没有找到观念、范畴的真正根源在于生产方式，他不明白，"社会关系和生产力密切相联。随着新生产力的获得，人们改变自己的生产方式，随着生产方式即谋生的方式的改变，人们也就会改变自己的一切社会关系"③。在一定历史条件下的生产力基础之上，人们建立与这一生产力水平相适应的生产关系和社会关系，又按照这一社会关系，人们创造了相应的概念、范畴、原理和观念。

除了批判蒲鲁东，马克思恩格斯还对杜林社会公平根源思想进行了批判。杜林把社会中的人抽象成"两个人"，他认为，可以把社会看做由"两个人"这一最简单的要素组成的社会。这两个人的意志是完全平等的，而且这两个人应当相互尊重，尊重别人的意志就像尊重自己的意志一样，一方不得强迫或命令另一方，不得提出任何违反对方意志的要求，如果一方提出违反对方意志的要求，那么他就违反了两个人的平等，违背了正义原则。这样两个人就能达到完全的平等。恩格斯一针见血地指出，杜林运用先验主义方法研究公平正义，"从对象的概念中逻辑地推论出这些特性"④，具体来说就是，从对对象的抽象中形成概念，之后用

---

① 《马克思恩格斯文集》（第10卷），人民出版社2009年版，第42页。
② 《马克思恩格斯选集》（第1卷），人民出版社1995年版，第141页。
③ 《马克思恩格斯选集》（第1卷），人民出版社1995年版，第141—142页。
④ 《马克思恩格斯选集》（第3卷），人民出版社1995年版，第437页。

这一概念来考察原来的对象，这样一来，杜林就要求对象的概念应该适应于对象。显然，杜林颠倒了二者的关系。杜林从“两个人”这一最简单的社会要素出发来界定公平，其实“两个人”这一最简单的要素就是杜林认识公平正义的“对象的概念”，他就是从这一概念出发推论公平正义的。诚如恩格斯所言，杜林先生的“两个人”这一最简单的要素，是对现实的终极抽象，虽然它执行着概念的职能，但是最多只带有纯粹概念的性质。因此，他“不是从现实本身推论出现实，而是从观念推论出现实”[①]。杜林的“两个人”是脱离了现实的“抽象的人”，“他们摆脱了一切现实”[②]，这种从“抽象的人”推论的正义，完全脱离了具体的历史环境，脱离了现实，颠倒了现实和正义的关系，是彻底的唯心主义。

在对蒲鲁东和杜林的唯心主义社会公平根源论进行批判的基础上，马克思恩格斯依据历史唯物主义的基本原理，主张对社会公平根源的研究不能仅仅停留在主观和抽象的范畴，要从社会层面探究产生于特定历史条件下社会公平的物质生产方式，寻找社会公平的根源。

早在1845—1846年，在《德意志意识形态》中，马克思恩格斯首次系统阐述了唯物史观，对这一理论的阐述包含着他们关于社会公平根源的丰富思想。他们认为，社会公平问题不是根源于人们的头脑的主观观念，不是由于人们没有意识到其他人是和自己完全平等的人，没有把其他人当做和自己完全平等的人来对待，而是根源于社会物质生产实践。社会不公现象是人类社会发展之初，物质生产实践中低下的生产力水平以及在此基础上出现的社会分工的必然产物。马克思在考察人类社会物质实践过程中所有制的演变时指出，随着生产力水平的提高和分工的发展，在生产力和生产关系矛盾运动的推动下，随着私有制的出现和发展，社会不公问题也开始出现并表现为不同的形式。在部落所有制阶段，生产力水平极其低下，人们只能靠狩猎、捕鱼、畜牧和耕作等简单的劳动维持生存，在此基础上形成的分工很不发达。起初只是性别上的分工，即男女从事不同的劳动活动，后来随着天赋、能力等偶然性的因素逐渐

① 《马克思恩格斯选集》（第3卷），人民出版社1995年版，第437页。
② 《马克思恩格斯选集》（第3卷），人民出版社1995年版，第439页。

参与分工的发展，分工进一步扩大。随着物质生产实践中生产力水平的不断提高，分工的不断扩大，“与这种分工同时出现的还有分配，而且是劳动及其产品的不平等的分配”①，社会不公问题也开始出现。在古典古代的公社所有制和国家所有制阶段，生产力水平进一步提高，分工也不断发展，除公社所有制外，动产私有制和不动产私有制也已经发展起来了，在此基础上，对财产的占有关系也发生了重要变化，“一方面是私有财产的集中，……另一方面是由此而来的平民小农向无产阶级的转化”②。私有财产的集中反映了少数人对更多财产的占有，“平民小农向无产阶级的转化”反映了那些失去财产而只剩下自己劳动力的人逐渐增加，这样一来，对财产的占有的不公平关系就更加突出。在封建的或等级的私有制阶段，在“小规模的粗陋的土地耕作和手工业式的工业”③的基础上产生了与之相适应的所有制，主要形式表现为，“一方面是土地所有制和束缚于土地所有制的农奴劳动，另一方面是拥有少量资本并支配着帮工劳动的自身劳动”④。在这一阶段，贵族凭借对土地的占有掌握了支配农奴的权力，作为土地占有者的贵族和作为生产者的农奴之间的不公平关系进一步加剧了社会不公。手工业者凭借少量资本支配着帮工的劳动，帮工制度和学徒制度确立了手工业者与学徒、帮工之间的不公平关系，这一不公平关系也加重了社会不公。由此可见，不管是在哪种所有制形式下，正是人与人之间不公平的社会关系导致了社会不公。社会公平问题的产生不是什么神秘的思辨的产物，而是在物质生产实践中产生并逐步发生变化的，在这一物质生产实践中，每个人都不是想象中的人，而是现实的人，是从事物质生产实践活动的人，他们是“在一定的物质的、不受他们任意支配的界限、前提和条件下活动着的”⑤。“人们是现实的、从事活动的人，他们受自己的生产力和与之相适应的交往

① 《马克思恩格斯文集》（第1卷），人民出版社2009年版，第536页。
② 《马克思恩格斯文集》（第1卷），人民出版社2009年版，第522页。
③ 《马克思恩格斯文集》（第1卷），人民出版社2009年版，第523页。
④ 《马克思恩格斯文集》（第1卷），人民出版社2009年版，第523页。
⑤ 《马克思恩格斯文集》（第1卷），人民出版社2009年版，第524页。

的一定发展……所制约。”① 而正是这些现实的不公平关系推动人们思考公平，从而形成各种各样的公平观念。正如马克思所说，人们的想象、思维、精神是人们物质活动的直接产物，“表现在某一民族的政治、法律、道德、宗教、形而上学等的语言中的精神生产也是这样”②。“适应自己的物质生产水平而生产出社会关系的人，也生产出各种观念、范畴，即这些社会关系的抽象的、观念的表现。”③ 公平正是这些“道德、观念、范畴”中的一种，是对物质生产实践活动中的社会关系的抽象的、观念的表现。因此，归根结底，社会公平作为人们的观念意识根源于社会的物质生产实践。

恩格斯在《论住宅问题》中详细论述了社会公平的产生，明确指出，社会公平根源于社会的物质生产实践，是现实社会关系特别是经济关系的抽象。恩格斯说，在社会发展的某个很早的阶段，人们需要用一个共同规则约束现实社会中的生产、分配和交换关系，这个共同的规则一开始只是作为习惯被遵循，后来就上升为法律，相应地，也就产生了以维护法律为职责的机关，这就是国家。随着社会的不断发展，越来越多的社会事务需要法律来规范，立法就变得越来越复杂，它逐渐远离了社会日常经济条件所借以表现的方式，好像立法是一个独立的工作，似乎不是从现实的经济关系出发，而是从主观的“意志概念”出发的工作。其实，人们忘记了法律起源于现实的经济关系。随着立法变得越来越复杂，一个职业法学家阶层就逐渐形成了，与此同时也产生了法学，在法学的发展过程中，法学家们在对法权体系研究的过程中，对各个民族和各个时代法权体系进行比较，这种比较需要以共同点为依据，法学家把那些各个民族和各个时代法权体系中相同的东西称作自然法，并依据这一共同点进行比较。“而衡量什么算自然法和什么不算自然法的尺度，则是法本身的最抽象的表现，即公平。”④ “而这个公平则始终只是

① 《马克思恩格斯文集》（第1卷），人民出版社2009年版，第525页。
② 《马克思恩格斯文集》（第1卷），人民出版社2009年版，第524页。
③ 《马克思恩格斯文集》（第10卷），人民出版社2009年版，第49页。
④ 《马克思恩格斯选集》（第3卷），人民出版社1995年版，第211页。

现存经济关系的或者反映其保守方面、或者反映其革命方面的观念化的神圣化的表现。”① 这表明，公平作为人们的价值判断，虽然直接来源于法权观念和道德观念，但是，归根结底，它是对现实的经济关系的反映，它更根源于物质生产实践中的经济关系。

（三）社会公平的属性

1. 社会公平具有历史性

马克思恩格斯认为，社会公平不是一个永恒的抽象的范畴，而是一个历史范畴，具有历史性。也就是说，社会公平观念的产生和形成，是由一定历史条件下的生产关系所决定的，在不同的历史阶段，社会公平的内容、目标、动力、实现方式等都是不同的。而且，社会公平观念会随着社会生产方式的变化而变化，正如恩格斯所指出的：“希腊人和罗马人的公平认为奴隶制度是公平的；1789 年资产者的公平则要求废除封建制度，因为据说它不公平。”② 可见，随着历史的发展，历史条件发生变化，随着生产力和生产关系的变革，人们的公平观念也发生变化，那些在特定历史条件下是合理的公平观，在历史条件发生变化之后就可能变成不合理的。因此，社会公平不是永恒不变的，而是暂时的，是历史的。

第一，社会公平是历史的产物。恩格斯在《反杜林论》中论述了平等的历史性，虽然平等和公平有着本质的不同，但是这两个概念也有相同的内容。本书认为，恩格斯在《反杜林论》中对平等历史性的论述的思想也包含着对公平历史性的思想。

在原始社会的公社中，平等只是公社成员之间的平等，而妇女、奴隶和外地人则排除在外。在古罗马，平等仅限于自由民之间的平等，但是自由民和奴隶之间则是不平等的。在漫长的中世纪，基督教的平等也只是承认人的原罪的平等和在上帝面前作为选民的平等。现代民族国家的建立，为推进平等奠定了基础，在此基础上，才可能进一步推进人的平等和人权。随着生产力的进一步发展，资本主义经济逐渐发展起来，

---

① 《马克思恩格斯选集》（第 3 卷），人民出版社 1995 年版，第 212 页。
② 《马克思恩格斯文集》（第 3 卷），人民出版社 2009 年版，第 323 页。

封建社会的行会制度、地方特权和关税等造成的社会不公阻碍了资本主义经济的发展，资产阶级就有了自己的平等要求。他们要求作为商品所有者的平等权利，能在市场上平等地进行商品交换；他们要求摆脱行会获得自由的工人有权和厂主签订出卖劳动力的契约，作为缔约的一方的工人和厂主的权利是平等的。除此之外，资产阶级还不自觉地承认和呼吁一切人类劳动作为一般人类劳动所具有的等同性和同等意义，随着资产阶级取得国家的统治权，资产阶级国家的建立和发展，资产阶级所要求的这些平等权利都得到了实现。在资产阶级提出并实现自己的平等要求之时，无产阶级也提出了自己的平等要求，无产阶级平等的要求的实际内容就是消灭阶级的要求。在详细把握了平等观念历史发展的基础上，恩格斯总结说，平等观念“本身都是一种历史的产物，这一观念的形成，需要一定的历史条件，而这种历史条件本身又以长期的以往的历史为前提”①。

第二，社会公平随着物质生产方式的变化而变化。如前文“社会公平的根源”中所述，社会公平不是凭空产生的，它根源于社会的物质生产实践。在一定的历史条件下，在一定的生产力基础上形成与之相适应的生产关系，占统治地位的生产关系总和构成经济基础，在此基础上，才形成相应的政治法律制度、组织和设施以及社会意识形态。社会公平作为社会意识形态，是建立在一定的生产力和生产关系之上的，因此随着社会生产力的发展和生产关系的变革，物质生产方式的改变，社会公平也会随之发生变化。

马克思关于社会公平这一历史性的思想，主要体现在马克思恩格斯和以蒲鲁东为代表的小资产阶级社会主义者关于“永恒不变的公平”的论战中。蒲鲁东从法权关系出发，抽象出永恒的“公平”，认为公平正义是永恒不变的原则，推动社会向前发展。他在《什么是所有权》中明确指出：“正义……是一切事务的原则和标准。”② 因此，如果对正义的

---

① 《马克思恩格斯文集》（第9卷），人民出版社2009年版，第113页。

② ［法］蒲鲁东著，孙署冰译：《什么是所有权》，商务印书馆1982年版，第52页。

概念不明确甚或是错误的，立法、制度、政治就会受到不利影响，甚至会产生社会的混乱。可见，正义是社会永恒不变的最基本和最重要的原则，一切社会事务都要符合这一原则。

马克思批判了普鲁东从主观的想象中寻找公平根源，把公平正义和现实社会的关系颠倒了。“蒲鲁东先从与商品生产相适应的法的关系中提取他的公平的理想、永恒公平的理想。……然后，他反过来又想按照这种理想来改造现实的商品生产和与之相适应的现实的法。”① 他不懂得一定历史条件下各种生产关系的历史性和暂时性，不了解现实中的人在一定的物质生产力的基础上形成一定的生产关系，与此同时，也形成各种观念、范畴。正如1844年马克思所说，蒲鲁东不知道，“适应自己的物质生产水平而生产出社会关系的人，也生产出各种观念、范畴，……所以，范畴也和它们所表现的关系一样不是永恒的。这是历史的和暂时的产物。而在蒲鲁东先生看来却刚刚相反：抽象、范畴是……是不朽的、不变的、固定的”②。马克思明确指出公平根源于社会的生产方式，是经济关系和社会现实决定公平的范畴，而不是相反。在生产力和生产关系构成的生产方式基础上的各种观念和范畴只是历史性的、暂时的，不是永恒的。随着社会现实的生产方式的变化，公平也要发生变化，没有什么永恒的不变的公平。“人们按照自己的物质生产率的发展建立相应的社会关系，正是这些人又按照自己的社会关系创造了相应的原理、观念和范畴。所以，这些观念、范畴也同它们所表现的关系一样，不是永恒的，它们是历史的暂时的产物。生产力的增长、社会关系的破坏、观念的形成都是不断运动的，只有运动的抽象即‘不死的死’才是停滞不前的。”③ 可见，随着生产力的发展，社会关系也发生相应的改变；随着社会关系的变革，人们的观念、范畴也要发生改变。公平正义作为人们的观念、范畴，也不例外。因此，公平正义不是永恒的、不变的，它是历史的，随着生产力和生产关系的变革而发生改变。

---

① 《马克思恩格斯文集》（第3卷），人民出版社2009年版，第255页。
② 《马克思恩格斯文集》（第10卷），人民出版社2009年版，第49页。
③ 《马克思恩格斯选集》（第1卷），人民出版社1995年版，第142页。

2. 社会公平具有阶级性

社会公平是人们对现实社会关系是否合理的价值判断和观念。处于不同阶级地位的人们从自身的利益出发去衡量现实的社会关系，对社会公平的目标、内容、动力、标准和实现方式等都会有不同的看法。因此，在阶级社会里，超阶级的、能被一切阶级所接受的社会公平是不存在的，社会公平具有阶级性，总是一定阶级的关于现实社会关系的价值判断和观念。

正是因为社会公平具有阶级性，因此，一定阶级的公平观往往是该阶级意志的反映，是为该阶级的利益服务的。“它或者为统治阶级的统治和利益辩护，或者当被压迫阶级变得足够强大时，代表压迫者对这个统治的反抗和他们的未来利益。”① 可见，社会公平不是抽象的、永恒的，它总是一定阶级的利益的反映，任何把公平抽象化、永恒化的做法都是一种欺骗性的手段。

3. 社会公平具有相对性

社会公平具有相对性。社会公平的相对性表现在，社会公平是一定历史条件下的产物。在一定的历史条件下，对某个人和某些群体来说是公平的，对另外的人和其他群体来说却是不公平的，社会成员对现实社会权利和利益关系是否合理的判断肯定完全不同，对公平的理解也会不同；公平总是一定程度的公平，是形式上的公平，不是彻底的事实上的公平。

第一，社会公平是一定历史条件下的产物。马克思恩格斯在探究公平问题产生时指出，公平是在一定的历史条件下出现的，是社会生产力发展的产物，但又是生产力发展不充分条件下出现的产物。在原始社会，生产力水平非常低下，生产出的产品非常有限，只能满足每个社会成员最低限度的生存需求，在这一历史条件下，只能采取平均主义的分配方式，才能维持整个群体生存和生命的延续，在这样的情况下，就不会出现人们之间利益关系是否合理的问题，因此也就没有社会公平问题。而在马克思恩格斯设想的未来理想的共产主义社会，生产力高度发达，产

① 《马克思恩格斯文集》（第9卷），人民出版社2009年版，第100页。

品极大丰富，能够最大限度地满足社会成员的各种物质文化需求，每个社会成员的潜能、才能和能力都有机会得到最大程度的发挥，每个人都能得到公平、自由全面发展的权利和机会，这就实现了真正意义上的社会公平，因此也不会有社会公平问题。

在原始社会和共产主义社会之间的资源中度缺乏的时期，生产力虽然有一定的发展，但是发展得还不够充分，无法完全充分满足社会成员的物质文化需求。这样，就会产生各个社会成员之间权利和利益关系是否合理的问题，这就产生了公平问题。

第二，不同的人和群体对公平的理解是不同的。马克思恩格斯认为，不同的人和群体站在各自不同的立场上，对社会公平就会有不同的理解，这是社会公平相对性的重要表现。在奴隶社会，奴隶主阶级是统治阶级，奴隶阶级作为被统治阶级处于被剥削、被压迫的地位。在这样阶级对立的社会中，那些奴隶主阶级的代言人站在奴隶主阶级的立场上理解公平正义，他们认为，公平正义就是维护统治阶级即奴隶主阶级的利益，如柏拉图认为，公平正义就是城邦中的处于不同地位和职业的各个人各司其职，关心自己的事而不要关心别人的事，做自己分内的事，如果城邦中的商人、军人、官吏各自把自己的事情做好，那么整个城邦就是公平正义的。可见，奴隶主阶级及其代言人认为，现有的奴隶制度就是公平正义的。但是，奴隶阶级关于公平正义的理解肯定和奴隶主阶级的观点是不同的，奴隶们没有自己人身自由，只是奴隶主“会说话的工具”，何谈公平正义？

在封建社会，地主占有以土地为代表的根本性的生产资料，是统治阶级，而农民通过艰辛的劳动只能得到地主给予的少量生活资料。在这样的社会中，封建的统治阶级认为，他们所能给予的比奴隶更多的自由和劳动报酬已经很公平了，但是作为被统治阶级的农民却不这样认为，他们期望得到更多的自由，期望占有土地，这是他们公平正义诉求的重要内容。在中国几千年的封建社会里，发生的无数次的农民起义，无一不是为了追求农民自己的公平正义。

在资本主义社会，资产阶级凭借着对生产资料的占有，处于统治地位，他们主张权利公平，在法律面前人人平等，他们认为从市场中购买工人的劳动力，付给工人一定的工资，实行的是等价交换，这就是社会公平的重要体现，正如马克思所说："难道资产者不是断言今天的分配是'公平的'吗？"[①] 但是，工人阶级却认为，在资本家和工人的交易中，资本家无偿占有工人的一部分劳动成果，是极大的社会不公，而且生产资料的资产阶级私人占有制度是资本主义社会不公的根源，要用社会主义公有制代替资本主义私有制，从而推动社会公平。马克思还讽刺了各个所谓的社会主义者的公平分配观念，他说："难道各种社会主义宗派分子关于'公平的'分配不是也有各种极不相同的观念吗？"[②]

因此，在奴隶社会、封建社会和资本主义社会，处于不同地位的社会成员，从不同的立场出发，对公平正义的理解和看法是截然不同的。即使是处于同样社会地位的不同社会成员，对公平正义也会有不同的看法和理解。因此，公平不是绝对的，公平是一个相对范畴，具有相对性。

第三，在人类社会资源中度缺乏的历史时期实现的社会公平是相对的。在人类社会资源中度缺乏的历史时期，在每个历史发展阶段上实现的相比之前的历史阶段所进一步的公平，都只是一定程度的公平，是相对的，不是彻底的事实上的公平。比如，资本主义社会实现的社会公平，是废除了封建等级制度基础上的在市场中作为商品所有制的平等的权利，是在市场交换中等价交换的公平，但是这种公平一旦离开市场交换，进入分配领域，它的不公平就显而易见了。可见，资本主义社会实现的公平只是一种形式公平，是相对的公平。再如，社会主义社会实行按劳分配，体现了在劳动面前人人平等，但是这种公平仍然漠视个人天赋的不同和个人工作能力的不同这些"天然特权"，它只是用人类同一个尺度即"劳动"来衡量不同社会成员的劳动贡献，因此这种公平仍只是一定程度上的公平，是相对意义上的公平，离真正的彻底的公平还有一定差距。这正如恩格斯所说："在国与国、省与省，甚至地方和地方之间总会有生活条件方面的某种不平等存在，这种不平等可以减少到最低的程度，

---

① 《马克思恩格斯文集》（第3卷），人民出版社2009年版，第432页。
② 《马克思恩格斯文集》（第3卷），人民出版社2009年版，第432页。

但是永远不可能完全消除。”① 这就表明，在不同的国家之间、省份之间、地区之间，由于客观条件的不同，绝对地消除这些不同是不可能的，因此公平也只能是在相对意义上的，而不是绝对的公平。

（四）社会公平的标准

1. 社会公平是一个历史范畴，不存在永恒不变的标准

从古至今，社会公平一直是人类社会永恒的追求，但是，有没有一个永恒的标准来衡量社会是否公平呢？答案是否定的。如前所述，社会公平不是永恒不变的，而是一个历史范畴，具有历史性，一定历史条件下的社会物质生产方式决定一定的社会公平观念、思想和意识。随着社会物质生产方式的变化，社会公平观念也随着改变。这样一来，在不同的历史条件下，社会公平的内容、目标、标准和实现方式都是不同的。因此，社会公平作为一个历史范畴，没有一个永恒不变的尺度。

马克思恩格斯具体分析了不同历史条件下公平标准的不同。在原始社会，氏族的每个成员之间是平等关系，不论酋长和军事首领都和氏族中的其他成员享有相同的权利，并承担同等的义务，他们不能有超过其他氏族成员的任何特权，绝对的平均就是社会公平。随着社会的发展，人类进入了奴隶社会和封建社会，生产力有了一定的发展，社会产品有所丰富，剩余产品出现，私有制产生，这就产生了公平问题。在这样的历史条件下，符合当时生产力和生产关系的阶级压迫和专制是公平的。到了资本主义社会，生产力得到很大程度的提高，商品经济高度发展，资本主义私有制得到巩固，在这一历史条件下，反映着资本主义生产方式的资本主义的剥削、按资分配、等价交换等是资本主义社会的公平内容。只有到了马克思恩格斯所勾画的共产主义社会，生产力高度发达，物质产品和精神产品极大丰富，社会成员的物质文化需求得到最大限度的满足，全体社会成员共同占有生产资料，消灭了阶级剥削和压迫，实行“各尽所能、按需分配”，每个人都能得到自由全面的发展，因此也就彻底实现了社会公平。可见，在不同的历史条件下，社会公平的标准

---

① 《马克思恩格斯文集》（第3卷），人民出版社2009年版，第415页。

是不同的，随着不同历史条件的转移，社会公平的标准也会随着变化。也就是说，社会公平的尺度不是永恒不变的，它总是会随着社会历史条件的变化而变化。

2. 社会公平是一个具体范畴，不存在抽象的标准

社会公平不是抽象的，而是具体的。在经济、政治、文化、社会的各个社会领域，社会公平的内涵都是不同的，而且每个社会领域都有相应的具体的公平标准，不存在一个抽象的、适应每个社会领域的社会公平标准。在一个领域是公平的，但是在另一个领域可能就是不公平的，“在道德上是公平的甚至在法律上是公平的，从社会上来看很可能远不是公平的”①。不但不同的社会领域有不同的社会公平标准，而且处于同一社会中不同社会地位的社会成员，对权利和利益关系是否合理也会有不同的价值判断。这样，处在不同的社会地位，站在不同的立场上，社会成员从各自的利益出发，对社会经济关系合理与否就会作出不同的判断和评价，因此社会成员的社会公平标准也是不同的。因此，抽象的社会公平标准是不存在的，社会公平标准总是具体的。

3. 社会公平的根本标准是社会生产力和生产关系的发展方向

马克思恩格斯认为，生产力决定生产关系，同生产力的一定发展阶段相适应的占主导地位的生产关系的总和构成社会的经济基础，经济基础决定上层建筑。因此，生产力是社会发展的最终决定力量。生产力的状况决定着生产关系的合理与否，也从根本上决定着经济基础和上层建筑中社会关系的合理与否。凡是适应生产力的发展状况的生产关系和其他社会关系就是合理的公平的，凡是不适应生产力发展状况的生产关系和其他社会关系就是不合理不公平的。因此，社会公平的衡量标准归根结底要看是否适应生产力的发展状况。

生产力和生产关系共同构成生产方式，社会公平与否是由生产方式所决定，马克思在《哥达纲领批判》中论述消费资料的分配时就明确提出了这一观点，他说：“消费资料的任何一种分配，都不过是生产条件本

---

① 《马克思恩格斯全集》（第25卷），人民出版社2001年版，第488页。

身分配的结果；而生产条件的分配，则表现生产方式本身的性质。”① 他以资本主义为例进行了详细的论证。资本主义生产方式的基础是资本和地产掌握在资本家手中，而广大人民只拥有劳动力。这样的生产方式决定了资本主义社会分配情况，资本家无偿占有广大人民创造的剩余价值，而广大人民只能得到少得可怜的工资。但是，如果生产的物质条件没有被资本家占有，而是掌握在劳动者手中，表现为劳动者的集体财产，这样的生产方式就会自然产生一种和资本主义消费资料分配状况完全不同的分配。他还批判了那些庸俗社会主义者的观点。那些庸俗的社会主义仿效资产阶级经济学家，没有把消费资料的分配看做是建立在生产方式基础之上的分配，而是认为消费资料的分配只是分配行为，“围绕着分配兜圈子”②，就分配谈分配，这些资产阶级经济学家犯了多么大的错误。可见，在一定历史条件下，生产方式的性质决定着消费资料的分配，有什么样的生产方式，就会有与之相适应的消费资料的分配，如果生产方式发生变化，那么消费资料的分配也要发生变化。因此，判断一种社会公平与否的标准在于是否适应生产方式的发展方向。

马克思恩格斯从历史唯物主义出发，具体分析了奴隶社会、资本主义社会、社会主义社会的社会公平标准。

恩格斯认为，希腊人和罗马人的公平观认为奴隶制度是公平的，把奴隶看做奴隶主工具的残酷的奴隶制度为何被希腊人和罗马人认为是公平的呢？从根本上来说，这是因为这一制度适应了当时的生产力发展的要求，对当时的生产力的发展和社会发展具有重要的作用。恩格斯明确指出了奴隶制度对社会发展的重要作用。他说，正是奴隶主和奴隶之间统治与被统治的关系的确立，才使得一部分人脱离原来的农业生产，从事工业生产的活动，这样就出现了农业和工业的分工，这就促进了社会的发展。正是在这个意义上，“没有古希腊的奴隶制，就没有现代的社会主义”③。可以说，奴隶制度促进了农业和工业的分工，有利于进一步提

---

① 《马克思恩格斯文集》（第3卷），人民出版社2009年版，第436页。
② 《马克思恩格斯文集》（第3卷），人民出版社2009年版，第436页。
③ 《马克思恩格斯文集》（第9卷），人民出版社2009年版，第188页。

高劳动生产力，有利于奴隶社会的发展，也就是奴隶制度虽然是奴役残酷的制度，却仍然有其存在的历史合理性，这一制度在当时的历史条件下是公平的制度。

随着资本主义生产方式的确立和资本主义制度的建立，在资本主义社会确实实现了资本主义的公平。在古代社会，只有特权人物才拥有自由交换的权利，其他人则受到限制。而在资本主义这一货币制度充分发达的社会中，能够实现“资产阶级的平等”①。“每个人都能够按照他的收入转化成的货币的数量来进行任何的物质变换。”② “劳动力的买和卖是在流通领域或商品交换领域的界限以内进行的，这个领域确实是天赋人权的真正乐园。那里占统治地位的只是自由、平等，所有权和边沁。自由！因为商品例如劳动力的买者和卖者，只取决于自己的自由意志。他们是作为自由的、在法律上平等的人缔结契约的。契约是他们的意志借以得到共同法律表现的最后结果。平等！因为他们彼此只是作为商品占有者发生关系，用等价物交换等价物。所有权！因为他们都支配自己的东西。边沁！因为双方都只顾自己。”③ 在这些经典的论述中，马克思恩格斯指出了资本主义社会中在流通领域所实现的形式公平。这一公平具体表现在：第一，作为市场中交换者，每个人都可以平等地交换商品，这和之前商品交换中的种种特权相比是一种公平；第二，虽然在资本主义社会中，生产资料的资产阶级私有制使劳动者丧失了生产资料，沦为只能靠出卖劳动力而维持生活的人，但是和封建社会相比，劳动者摆脱了封建的人身束缚，获得了人身自由，可以在市场自由、平等地出卖自己的劳动力，从这个意义上来说，这是一种公平；第三，在市场交换中，买卖双方缔结的契约是双方意志的共同表现，通过这一契约，双方实现了等价交换。

在积极肯定资本主义社会所取得的公平方面的提升的同时，马克思站在人类历史发展的高度，无情地批判了资本主义社会存在的种种社会

① 《马克思恩格斯全集》（第44卷），人民出版社1982年版，第161页。
② 《马克思恩格斯全集》（第44卷），人民出版社1982年版，第161页。
③ 《马克思恩格斯文集》（第5卷），人民出版社2009年版，第204页。

不公。马克思认为，资本主义固然实现了流通领域种种形式上的公平，但是进入生产领域，这种公平就显示出它的本质，即资本家对工人的剥削关系。正如马克思所说，商品流通和商品交换领域人和人之间的交易完成之后，二者之间的关系就发生了巨大的变化，原来用货币购买工人劳动力的人变成了资本家，而出卖自己劳动力的人变成了工人，资本家雄心勃勃地把各种生产资料投入生产，诈取工人的剩余价值，而工人则“像在市场上出卖了自己的皮一样，……让人家来鞣”[①]。资本主义形式上的公平掩盖着实质上的不公平，透过形式公平，马克思揭示了资本家无偿占有工人创造的剩余价值这一社会不公。随着资本主义的不断发展，资本主义社会分工的进一步加深，资本主义生产的社会化和资本主义私人占有之间的矛盾，在客观上决定了社会主义取代资本主义成为历史发展的必然趋势。在社会主义生产方式下，资本主义社会的形式公平将退出历史舞台，必将要求更高的超越资本主义形式公平的以社会主义公有制为基础的社会公平。

马克思论述了社会主义公有制条件下的公平，在社会主义条件下，生产资料归全体劳动者共同所有，全体公民在生产资料的占有上处于平等的地位，这种平等的关系使任何个人都不可能凭借对生产资料的私人占有而无偿地占有他人的劳动成果，也就是消灭了资本主义社会中的剥削关系。但是，在社会主义条件下，社会主义的生产力还没有发达到能够充分满足全体社会成员的需求，因此在分配上，只能实行按劳分配，也就是按照每个社会成员完成的劳动的数量和质量来分配消费品。因此，社会主义所实现的公平是社会主义生产力和生产关系条件下的公平。

由此可见，判断公平和不公平的标准，要到生产方式中去寻找。“生产当事人之间进行的交易的正义性在于：这种交易是从生产关系中作为自然结果产生出来的。这种经济交易作为当事人的意志行为，作为可以由国家强加给立约双方的契约，表现在法律形式上，这些法律形式作为单纯的形式，是不能决定这个内容本身的。这些形式只是表示这个内容。只要与生产方式相矛盾，就是非正义的。在资本主义生产方式的基础上，

① 《马克思恩格斯文集》（第5卷），人民出版社2009年版，第205页。

奴隶制是非正义的。”① 马克思所说的生产方式，是指在一定社会中占主导地位的生产方式。也就是说，判断公平与不公平的标准是是否与一定历史条件下占主导地位的生产方式相适应，如果相适应，就是公平的；如果不相适应，就是不公平的。马克思还说，在一定的社会历史时期，如果广大人民群众已经认为某些经济状况是不公正的，“那么这就证明这一经济事实本身已经过时，另外的经济事实已经出现，由此原来的事实就变得不能忍受和不能维持了”②。这里的“过时”，就是与当时占主导地位的生产方式已经不相适应，就是不公平的。新的生产力和生产关系必然要求新的社会关系必然代替旧的社会关系，要求新的社会公平与之相适应。

（五）社会公平的实现

1. 生产力的发展为实现社会公平奠定基础

马克思恩格斯在批判蒲鲁东时明确表示，坚决反对那种忽视甚至牺牲生产力的发展而一味地强调实现社会公平的观点。蒲鲁东秉持小资产阶级的公平观，主张实现永恒的公平，每个人用自己劳动生产出劳动产品，通过交换获得十足的劳动所得，也就是自己劳动的十足的价值，别的什么都不要。“但有公平常在，哪怕世界毁灭！”③ 马克思指出，蒲鲁东的这一观点是在开历史的倒车，牺牲生产力的发展空谈社会公平的实现。马克思说，蒲鲁东主义具有一种反动的特性，他讨厌工业革命，主张完全抛弃现代工业，重新返回到昔日的落后的手工劳动。“哪怕这样做我们会丧失千分之九百九十九的生产力”④，导致人类社会遭受饥饿的威胁，承受非常低的生产力状况的奴役，也在所不惜。只要每个社会成员能够通过交换获得“十足的劳动所得”，从而实现“永恒的公平”理想，这就足够了。蒲鲁东这一牺牲生产力而幻想实现社会公平的思想是注定

① 《马克思恩格斯文集》（第7卷），人民出版社2009年版，第379页。
② 《马克思恩格斯文集》（第4卷），人民出版社2009年版，第204页。
③ 《马克思恩格斯文集》（第3卷），人民出版社2009年版，第259页。
④ 《马克思恩格斯选集》（第3卷），人民出版社1995年版，第151页。

不能实现的。正如马克思所说，如果蒲鲁东的这种牺牲生产力、开历史倒车的主张能付诸实现，那么毫无疑问，这个世界将被毁灭。

马克思坚持历史唯物主义，主张从人们现实的物质生产实践出发研究社会公平的实现。他认为，在生产方式的矛盾运动中，生产力是最活跃、最革命的因素，是社会发展的最终决定力量，人类社会的发展就是先进生产力不断取代落后生产力的过程。生产力决定生产关系，进而决定整个社会的面貌，决定社会发展的历史进程。社会公平作为社会发展的重要内容，也是由生产力所决定，生产力的发展从根本上决定着社会公平的实现程度和范围。生产力的发展为实现社会公平奠定了基础。

马克思恩格斯从反面论证了，如果生产力不发展，不能为人类的生存和发展提供基础，就会导致社会不公。其一，生产力不发展的状况造成脑力劳动和体力劳动的分离，导致社会成员分裂为对立的阶级和阶级之间的剥削和压迫，导致社会不公。正如马克思所说，自从人类脱离原始社会，进入私有制社会以来，虽然生产力获得了一定程度的发展，但是生产力不发达的状况不允许人们充分满足自己的需要，因此人类必然会出现阶级之间利益分配上的矛盾和冲突，社会不公凸显。马克思说，阶级之间的压迫和剥削的历史，都可以从生产力的相对不发展中找到原因。在生产力相对不发展的情况下，人们就需要很多时间从事劳动维持生存，这就导致他们没有多余的时间参与社会公共事务，比如劳动的管理、国家的管理、法律事务、科学研究和艺术创造等等，这样的话，总是“必然有一个脱离实际劳动的特殊阶级来从事这些事务，而且这个阶级为了它自己的利益，从来不会错过机会来把越来越沉重的劳动负担加到劳动群众的肩上”①。其二，如果生产力不发达，广大人民群众终将陷入极端贫困的泥潭，“而在极端贫困的情况下，必须重新开始争取必需品的斗争，全部陈腐污浊的东西又要死灰复燃”②。其三，如果生产力不发达，私有制就必然存在，而私有制的存在又造成一部分人对另一部分人的剥削，社会不公平就会时刻相伴。正如马克思所说，在过去，人类取

① 《马克思恩格斯文集》（第9卷），人民出版社2009年版，第189页。
② 《马克思恩格斯文集》（第1卷），人民出版社2009年版，第538页。

得的所有的自由都是在有限的生产力基础之上取得，被这种有限的生产力所限制，人们的生产和生活需求不能得到有效满足，就出现了一部分人靠占有另一部分人的劳动成果来满足自己需要的状况。这样，这些少数人就垄断发展机会，而其他人则“失去了任何发展的可能性”①，导致社会不公现象。

因此，要促进社会公平，只有在生产力发展的基础上，建构适合新的生产力发展状况的生产方式和社会关系。正如恩格斯在论述实现生产资料占有的公平需要一定的生产力基础时所说：“自从资本主义生产方式在历史上出现以来，由社会占有全部生产资料，常常作为未来的理想隐隐约约地浮现在个别人物和整个的派别的脑海中。这种占有只有在实现它的物质条件已经具备的时候，才能成为可能，才能成为历史的必然性。”② 和其他的一切社会进步相同，生产资料的这种社会占有能够实现，不是因为人们主观上认识到阶级的存在会损害公平正义从而希望消灭阶级，而是因为这种占有具备了新的经济条件。这里的“物质条件”和“经济条件”就是生产力的新发展。

马克思恩格斯还具体分析了资本主义社会、社会主义社会和共产主义社会实现社会公平需要以生产力的发展为基础。

其一，生产力为实现资本主义社会的社会公平奠定了基础。马克思恩格斯认为，在资本主义发展的初级阶段，生产力的发展，打破了封建社会下的一系列不平等，使得适应生产力发展的资本主义生产关系得以建立，推动了资本主义社会的社会公平。考察资本主义早期的发展史，不难看出，随着生产力的发展，封建的行会制度越来越不适应生产力的发展，导致封建行会制度被打破，封建行会的行会特权以及其他个人特权和私人特权被取消。恩格斯在《路得维希·费尔巴哈和德国古典哲学的终结》中指出：“在一定阶段上，资产阶级推动的新的生产力——首先是分工和许多局部工人在一个综合性手工工场里的联合——以及通过生产力发展起来的交换条件和交换需要，同现存的、历史上继承下来的

① 《马克思恩格斯全集》（第3卷），人民出版社1960年版，第507页。
② 《马克思恩格斯文集》（第9卷），人民出版社2009年版，第298页。

而且被法律神圣化的生产秩序不相容了，就是说，同封建社会制度的行会特权以及许多其他的个人特权和地方特权（这些特权对于非特权等级来说都是桎梏）不相容了。资产阶级所代表的生产力起来反抗封建土地占有者和行会师傅所代表的生产秩序了；结局是大家都知道的：封建桎梏被打碎了。”① 随着封建制度被打碎，封建制度下特权等不公平被取消。恩格斯更明确地指出，正是在资本主义生产力水平的基础之上，“社会全体成员的平等的、合乎人的尊严的发展，才有可能”②。

其二，生产力的高度发展是实现社会主义社会公平的基础条件。19世纪70年代，资本主义生产由自由竞争发展到垄断阶段，资本主义生产资料私人占有的制度也走向股份制度，资本主义生产关系对生产力的容纳能力进一步增强，在一定程度上促进了生产力的发展。在这种情况下，马克思恩格斯并不认为已经达到了用公有制取代私有制的条件。他们明确指出，只有在生产力高度发展的条件下，也就是发展到很高的阶段时，公有制取代私有制才能变成现实，阶级差别的消除才能实现，真正的社会公平才能实现。“只有在社会生产力发展到一定程度，发展到甚至对我们现代条件来说也是很高的程度，才有可能把生产提高到这样的水平，以致使得阶级差别的消除成为真正的进步，使得这种消除可以持续下去”③，“但是生产力只有在资产阶级手中才达到了这样的发展程度”④。也就是说，无产阶级要实现超越资本主义社会公平的更高层次和更大范围的公平，就要在资本主义所创造的生产力的基础上大力发展社会生产力。

其三，实现共产主义的社会公平需要生产力的高度发达作为基础。共产主义社会是建立在高度发达的生产力基础上的。马克思在1847年著的《共产主义信条草案中》明确指出，共产主义是“建立在因发展工业、农业、贸易和殖民而产生的大量的生产力和生活资料的基础之上，

---

① 《马克思恩格斯文集》（第4卷），人民出版社2009年版，第305页。
② 《马克思恩格斯文集》（第3卷），人民出版社2009年版，第87页。
③ 《马克思恩格斯文集》（第3卷），人民出版社2009年版，第389页。
④ 《马克思恩格斯文集》（第3卷），人民出版社2009年版，第389页。

建立在因使用机器、化学方法和其他辅助手段而使生产力和生活资料无限增长的可能性的基础之上”①。恩格斯也认为以蒸汽机为代表的发达的生产力是实现共产主义社会的必要基础条件。“蒸汽机确实是所有那些以它为凭借的巨大生产力的代表”②，“惟有借助于这些生产力，才有可能去实现这样一种社会制度，在这种制度下不再有任何阶级差别”③。

2. 生产资料公有制是实现社会公平的根本保障

在所有制与实现社会公平的关系方面，蒲鲁东主张退回到小资产阶级的私有制，拉萨尔主义忽视生产资料所有制空谈公平分配，马克思恩格斯对蒲鲁东和拉萨尔的观点进行了深入的批判。

蒲鲁东认为，要消除各种社会不公，实现社会公平正义，就必须废除资本主义所有制，退到小资产阶级的所有制，只有实现了这一点，公平正义才能实现。蒲鲁东对资本主义私有制进行了严厉的抨击。他认为，根据劳动创造所有权这一原则，凡是劳动者都对他所创造的价值拥有所有权。但是，在资本主义社会，资本家付给工人和农民的工资只是他们创造的价值很少的一部分，大部分价值被资本家无偿占有，这就违背了劳动创造所有权的原则，是不正义的。因此，资本主义社会的资产阶级和地主阶级的所有权是不正义的，应该摒弃。所以，要消除资本主义社会的社会不公，就要推翻资本主义社会资产阶级私有制，恢复小资产阶级私有制，使每一个劳动者都平等地占有生产资料，平等地参加劳动，平等地享有对所创造出的价值的所有权。恩格斯对蒲鲁东的这一主张进行了深刻的批判，认为蒲鲁东的这一主张是在开历史的倒车。

拉萨尔主义关于通过公平分配实现社会公平的主要观点可以概括如下：第一，劳动是一切财富和一切文化的源泉；第二，有益的劳动只有在社会和通过社会才是可能的；第三，社会全体成员应当不折不扣地公平分配劳动所得，这样，社会的公平正义就能实现。这些观点之间的逻辑关系是，任何社会财富的创造都离不开劳动，劳动是一切财富的源泉。

---

① 《马克思恩格斯全集》（第42卷），人民出版社1979年版，第373页。
② 《马克思恩格斯全集》（第20卷），人民出版社1995年版，第126页。
③ 《马克思恩格斯全集》（第20卷），人民出版社1995年版，第126页。

而劳动显然是劳动者付出的劳动，因此社会财富是劳动者创造出来的。而且又因为劳动是社会的劳动，必须进行社会合作和协作才能进行劳动，因此劳动者的劳动成果应当由全体社会成员占有，劳动产品应当“不折不扣”地和“按照平等的权利”分配给社会所有成员。根据这一逻辑，通过公平分配就能实现整个社会的公平。

马克思在《哥达纲领批判》中对拉萨尔主义的这一思想进行了深刻的批判，马克思在完成《德国工人党纲领批注》后并没有立即发表这一批判，随着拉萨尔主义在德国工人运动中消极影响的进一步蔓延，1875年5月5日，马克思恩格斯又写了给威廉·白拉克的信，进一步深刻批判了拉萨尔主义者。

针对拉萨尔主义者“劳动是一切财富和一切文化的源泉”这一观点，马克思针锋相对地亮明自己的观点：“劳动不是一切财富的源泉。”① 自然界和劳动一样是财富的源泉。如果说劳动是一切财富的源泉，需要有一个条件，即“只有一个人一开始就以所有者的身份来对待自然界这个一切劳动资料和劳动对象的第一源泉”②。但是现实中，劳动者并不天然地是自然界所有者，这样一来，就不能说“劳动是一切财富的源泉”。马克思在这里想要表达的是，仅仅把“劳动”作为财富的源泉而忽视劳动资料和劳动对象，是拉萨尔主义的错误所在。“劳动产品的生产与创造是劳动者以自然界为劳动资料和劳动对象，对自然界加以改造的物质变化过程。因此，这一过程涉及两方面：劳动资料和生产资料。哥达纲领将劳动作为一切财富和一切文化的源泉，错误地理解了劳动的性质，也忽视了自然界与生产资料在劳动过程中极其重要的地位。”③ 马克思还指出，正是由于劳动和自然界都是财富的源泉，劳动者就必然受制于自然，那些除了自己劳动力以外没有任何其他财产的人，就不得不为一些占有了劳动资料和劳动对象的人做奴隶，只有得到他们提供的劳动资料才能

---

① 《马克思恩格斯文集》（第3卷），人民出版社2009年版，第428页。

② 《马克思恩格斯文集》（第3卷），人民出版社2009年版，第428页。

③ 王广：《正义之后——马克思恩格斯正义观研究》，江苏人民出版社2010年版，第100页。

劳动，才能通过劳动创造财富，从而得到微薄的劳动所得，用于维持他们自己的生活。这表明，对劳动资料和劳动对象的占有关系、生产关系，直接决定着其他社会关系，那么也必然决定着社会公平的状况。

针对拉萨尔主义者“劳动所得应当不折不扣地和按照平等的权利属于社会一切成员”这一观点，马克思认为，这一观点应该更正为“‘只有在社会中和通过社会’，‘才能成为财富和文化的源泉’”①，更能表现这一观点与前一个观点之间的联系。马克思的这一观点无疑是正确的。这是因为，劳动如果是孤立的劳动，就不可能创造使用价值，也就不能创造一切财富和文化。劳动必须是社会的劳动，通过社会的协作和合作完成，才能创造财富。但是，马克思接着进一步指出，仅仅强调“社会的劳动”是远远不够的，因为“社会的劳动”也会带来“劳动者方面的贫穷和愚昧”②，带来劳动者和非劳动者之间占有财富和文化的巨大差异，带来严重的社会不公。“这是直到目前的全部历史的规律。”③ 马克思指出，造成这一社会不公现象的原因在于资本主义社会的物质的以及其他的条件，“使工人能够并且不得不铲除这个历史祸害”④。这里的“物质的以及其他的条件”，就是生产资料的占有以及在此基础上的其他的生产关系。这表明，不应当泛泛地谈论“社会”和“劳动”，而应该充分认识到生产资料所有制对财富公平分配的重要决定作用。

马克思在《哥达纲领批判》中总结到，拉萨尔主义者忽略生产资料只片面强调分配是错误的，这是因为，“消费资料的任何一种分配，都不过是生产条件本身分配的结果；而生产条件的分配，则表现为生产方式本身的性质”⑤。马克思还以资本主义为例论述了这一观点。在资本主义社会，资本主义的生产方式的基础是资本和地产这些生产的物质条件掌握在资产阶级手中，而广大劳动者只有劳动力这一生产的人身条件。“既

① 《马克思恩格斯文集》（第3卷），人民出版社2009年版，第430页。
② 《马克思恩格斯文集》（第3卷），人民出版社2009年版，第430页。
③ 《马克思恩格斯文集》（第3卷），人民出版社2009年版，第430页。
④ 《马克思恩格斯文集》（第3卷），人民出版社2009年版，第430页。
⑤ 《马克思恩格斯文集》（第3卷），人民出版社2009年版，第436页。

然生产的要素是这样分配的，那么自然就产生现在这样的消费资料分配。”①

在对蒲鲁东和拉萨尔进行批判的基础上，马克思从人类社会历史发展的角度详细探究了人类社会不公现象产生的根本原因。

原始社会之后，社会不公就伴随人类至今。劳动者辛辛苦苦地贡献自己的劳动，所得到的劳动报酬却非常有限，那么为什么劳动者总是不能更公平地获得自己的劳动成果？为什么总是存在不劳而获等社会不公现象？马克思对这一问题作了细致深入的分析，他认为，造成种种人类社会不公现象的根本原因是生产资料私有制。从这个意义上来说，生产资料私有制是人类社会不公现象的总根源。

马克思恩格斯深入考察了人类社会的不公平现象，从人类物质实践的演进过程着手探究人类社会不公平现象的历史根源。他们考察了人类所有制的衍变过程时指出，生产力的发展必然引起分工的发展，分工的发展又推动生产力与生产关系的矛盾运动，从而导致私有制的出现。在部落所有制阶段，生产力水平极端低下，人们从事狩猎、畜牧、务农活动。在这一阶段，分工还不发达，只是性别方面的分工。此后，随着生产力水平的逐步提高，分工进一步扩大，原始的部落共同体分裂为以家庭为单位的社会。“与这种分工同时出现的还有分配，而且是劳动及其产品的不平等的分配。”② 也就是说，在这一父权制时代，随着生产力和分工的不断发展，开始出现了劳动及其产品的不公平分配。在此基础上，马克思恩格斯进一步分析了分工和私有制的关系，认为分工导致私有制的出现，私有制的出现进一步强化原有的分工，因此分工和私有制“是相等的表达方式，对同一件事情，一个是就活动而言，另一个是就活动的产品而言”③。私有制导致土地和人的分离，“土地无人施肥就会荒芜，成为不毛之地，而人的活动的首要条件恰恰是土地”④。私有制导致劳动

① 《马克思恩格斯文集》（第3卷），人民出版社2009年版，第436页。
② 《马克思恩格斯文集》（第3卷），人民出版社1960年版，第36页。
③ 《马克思恩格斯文集》（第1卷），人民出版社2009年版，第536页。
④ 《马克思恩格斯文集》（第1卷），人民出版社2009年版，第72页。

者和生产资料的被迫分离。这种分离导致不同的社会成员因为是否占有生产资料而在生产中处于完全不同的地位，失去生产资料的劳动者除了自己的劳动力却一无所有，必须把自己的劳动力同别人的生产资料相结合，于是就不得不去为生产资料的占有者劳动，“不得不为另一些已经成了劳动的物质条件的所有者的人做奴隶”[①]，劳动者必须在必要劳动时间之外，“追加超额的劳动时间来为生产资料的所有者生产生活资料”[②]，为生产资料的所有者创造剩余价值，这些剩余价值被生产资料的所有者所占有。因此可以说，正是生产资料的私有制，导致了产品的分配的不公，生产资料私有制是人类社会不公现象的根本原因。

马克思恩格斯还具体分析了资本主义社会，明确指出，资本主义社会的私有制是造成资本主义社会的阶级剥削压迫和社会不公的根本原因。“现代的资产阶级私有制是建立在阶级对立上面、建立在一些人对另一些人的剥削上面的产品生产和占有的最后而又最完备的表现。”[③]

因此，只有废除生产资料私有制，才能从根本上解决社会不公问题。马克思恩格斯主张，共产主义革命就是要消灭生产资料私有制，这也是共产主义革命之所以是共产主义革命而不是其他性质的革命的原因。在人类历史上发生过很多革命运动，这些革命运动虽然在一定程度上推进了社会的公平，但遗憾的是，这些革命运动并没有从根本上消灭社会不公的最根本原因，也就是没有消灭私有制。而共产主义革命主张消灭私有制，并消灭任何私有制基础上的社会不公。在马克思恩格斯帮助下，正义者同盟改名为共产主义者同盟。在改名后其发出的《共产主义同盟第一次代表大会致同盟盟员的通告信》中，马克思恩格斯指出，把正义者同盟改名为共产主义者同盟的原因是，他们的特点在于“向现存的社会制度和私有制进攻”[④]。从中可以明显看出，马克思恩格斯将共产主义奋斗的目标确定为消灭私有制。1848 年的《共产党宣言》进一步明确指

① 《马克思恩格斯文集》（第 3 卷），人民出版社 2009 年版，第 83 页。
② 《马克思恩格斯文集》（第 3 卷），人民出版社 2009 年版，第 83 页。
③ 《马克思恩格斯文集》（第 2 卷），人民出版社 2009 年版，第 45 页。
④ 《马克思恩格斯全集》（第 42 卷），人民出版社 1979 年版，第 430—431 页。

出："共产党人可以把自己的理论概括为一句话：消灭私有制。"① "共产主义的特征并不是要废除一般的所有制，而是要废除资产阶级的所有制。"② "共产主义革命就是同传统的所有制关系实行最彻底的决裂。"③

有破有立，马克思恩格斯主张建立社会主义公有制，让无产阶级和广大人民掌握生产资料，消灭了一部分人凭借占有生产资料而对另一部分人的剥削和压迫，从而为实现社会公平提供根本保障。"无产阶级革命，矛盾的解决：无产阶级将取得公共权力，并且利用这个权力把脱离资产阶级掌握的社会生产资料变为公共财产。"④ 也就是"夺取资产阶级的全部资本，把一切生产工具集中在国家即组织成为统治阶级的无产阶级手里"⑤，为此，"首先必须对所有权和资产阶级生产关系实行强制性的干涉"⑥。马克思恩格斯还提出了一些具体的措施，比如，"剥夺地产，把地租用于国家支出"⑦，"通过拥有国家资本和独享垄断权的国家银行，把信贷集中在国家手里"⑧。

3. 社会主义社会的公平分配

在《哥达纲领批判》中，马克思在对拉萨尔主义者的主张进行批判的过程中，详细阐述了自己对社会主义社会即共产主义社会低级阶段的公平分配思想。

第一，在进行个人消费资料的分配之前必须作必要的扣除。

哥达纲领认为，劳动是一切财富和一切文化的源泉，劳动者付出劳动生产产品，因此就对劳动产品拥有所有权，而且又因为劳动是社会的劳动，只有通过社会和在社会中才能实现。因此，整个社会所有成员应该按照平等的权利不折不扣享有劳动所得，遵循这一逻辑，就能实现社

① 《马克思恩格斯选集》（第 1 卷），人民出版社 1995 年版，第 286 页。
② 《马克思恩格斯选集》（第 1 卷），人民出版社 1995 年版，第 286 页。
③ 《马克思恩格斯选集》（第 1 卷），人民出版社 1995 年版，第 293 页。
④ 《马克思恩格斯选集》（第 3 卷），人民出版社 1995 年版，第 759 页。
⑤ 《马克思恩格斯选集》（第 1 卷），人民出版社 1995 年版，第 293 页。
⑥ 《马克思恩格斯选集》（第 1 卷），人民出版社 1995 年版，第 293 页。
⑦ 《马克思恩格斯选集》（第 1 卷），人民出版社 1995 年版，第 293 页。
⑧ 《马克思恩格斯选集》（第 1 卷），人民出版社 1995 年版，第 293 页。

会的公平分配。

针对哥达纲领设计的这一公平分配主张，马克思问道：“‘属于社会一切成员’？也属于不劳动的成员吗？那么‘不折不扣的劳动所得’又在哪里呢？只属于社会中劳动的成员吗？那么社会一切成员的‘平等的权利’又在哪里呢？”① 这表明，这一主张是自相矛盾的，是不能实现的。“‘社会一切成员’和‘平等的权利’显然只是些空话。”②

马克思认为，在共产主义的低级阶段，要实现公平分配，就要在“不折不扣的劳动所得”中除去“用来补偿消耗掉的生产资料的部分”“用来扩大生产的追加部分”“后备基金或保险基金”③。这些扣除在经济上是必要的，是维持一个社会正常的运转所必需的。在对总产品进行个人分配之前，仅仅做这些扣除是不够的，还应该从“不折不扣的劳动所得”中除去“同生产没有直接关系的一般管理费用”“用来满足共同需要的部分，如学校、保健设施等”“为丧失劳动能力的人等等设立的基金”④。这些部分是维持整个社会存续和发展所必需的。只有做了这些全部的扣除之后，才谈得上个人消费资料的公平分配，才谈得上在集体中的各个生产者之间公平分配消费资料。

第二，社会主义社会实现的公平分配是一定程度的公平，还未实现真正公平。

在以生产资料公有制为基础的社会主义社会，公平分配的表现是，“每一个生产者，在作了各项扣除以后，从社会领回的，正好是他给予社会的。他给予社会的，就是他个人的劳动量”⑤。但是，在这一公平分配过程中，公平只是表现在两个方面的公平：一是所有的生产者都按照劳动进行等价交换，除了自己的劳动，任何人都不能提供其他东西。也就是说，劳动者之间进行的等价交换只能按照劳动者提供的劳动来进行，

① 《马克思恩格斯文集》（第 3 卷），人民出版社 2009 年版，第 435 页。
② 《马克思恩格斯文集》（第 3 卷），人民出版社 2009 年版，第 43 页。
③ 《马克思恩格斯文集》（第 3 卷），人民出版社 2009 年版，第 434 页。
④ 《马克思恩格斯文集》（第 3 卷），人民出版社 2009 年版，第 435 页。
⑤ ［法］蒲鲁东著，余叔同、王雪华译：《贫困的哲学》（第 1 卷），商务印书馆 1998 年版，第 110—111 页。

而不能按照其他的来进行。“即一种形式的等量劳动同另一种形式的同量劳动相交换。”① 二是“除了个人的消费资料，没有任何东西可以转化为个人的财产”②。

这里按照“平等权利”进行的公平分配仍然是“资产阶级权利”。这是因为，这个“平等的权利”只是同他们提供的劳动成比例，“平等就在于以同一尺度——劳动来计量”③。这种“平等的权利”，“对不同等的劳动来说是不平等的权利”，显然只是形式的公平，只是一定程度的公平。具体来讲，这种“平等权利”虽然不承认任何阶级差别，和以前的社会公平相比是更高程度的公平，是历史的进步，“但是它默认，劳动者的不同等的个人天赋，从而不同等的工作能力，是天然特权”④。不同的劳动者由于个人天赋的不同，在体力、智力，从而工作能力方面是不同的，但是在分配中，只把他们当做劳动者来看待，只用同一尺度去计量他们提供的劳动，这本身就是一种不公平。这种公平分配除了默认不同劳动者的天赋之外，也没有具体考虑到不同劳动者现实的家庭负担、生活条件等等。比如，不同劳动者结婚与否，不同劳动者子女的多少等等，他们在生产劳动中提供相同劳动的情况下，即使从社会总消费基金中分得相同的份额，但是在事实上他们所得到和享受到的消费资料是不同的，这也是一种社会不公。由此可见，社会主义社会所实现的公平分配只是一定程度的公平，还未实现真正的公平。

之所以社会主义社会只能实现形式的公平，这是因为，社会主义社会作为共产主义社会的第一阶段，“它……是刚刚从资本主义社会中产生出来的，因此它的各方面，在经济、道德和精神方面都还带着它脱胎出来的那个旧社会的痕迹”⑤。社会主义社会经济、道德和精神方面的这一状况决定了所实现的社会公平的内容和程度。“权利决不能超出社会的经

---

① [法] 蒲鲁东著，余叔同、王雪华译：《贫困的哲学》（第1卷），商务印书馆1998年版，第110—111页。

② 《马克思恩格斯选集》（第1卷），人民出版社1995年版，第189页。

③ 《马克思恩格斯选集》（第1卷），人民出版社1995年版，第193页。

④ 《马克思恩格斯选集》（第3卷），人民出版社1995年版，第305页。

⑤ 《马克思恩格斯文集》（第3卷），人民出版社2009年版，第440页。

济结构以及由经济结构制约的社会的文化发展。”①

4. 消灭阶级是无产阶级彻底实现社会公平的重要途径

拉萨尔主义者主张，废除铁的工资规律、工资制度和任何形式剥削从而消除一切社会不公，彻底实现社会公平。马克思恩格斯对拉萨尔主义者的这一观点进行了深刻的批判。

根据拉萨尔主义制定的哥达纲领主张“废除工资制度连同铁的工资规律——和——任何形式的剥削，消除一切社会的和政治的不平等”②。铁的工资规律是拉萨尔的重要经济学观点之一，其内容是，实际日工资总是会围绕平均工资上下波动，既不能经常地高于它，也不能经常地低于它。如果实际日工资长久地高于平均工资，工人的收入就会增加，生活状况就会得到改善，而这就会导致工人人数的大量增加，其结果是工人人数的增加会压低工人的工资到原来的水平甚至会低于原来的水平。相反，如果工人的工资大大低于平均工资，就会导致人口外流、独身生活、节制生育，导致工人人数减少，工人人数的减少会使工资重新回到它原来较高的水平。拉萨尔认为，在资本主义制度下，工人阶级贫困的真正原因是“铁的工资规律”，只有废除这个规律，才有可能解放工人。哥达纲领继承了这一观点，主张废除“铁的工资规律”以及由这个规律决定着工资制度，还应废除其他形式的剥削，才能消除一切社会不公。

马克思在《德国工人党纲领批注》中对哥达纲领的这一观点进行了深刻的批判，指出废除工资制度和其他形式的剥削只是一种关注事物表面而忽视事物本质的做法，并不能消除一切社会不公，只有消灭阶级，随着阶级差别的消除，才能从根本上消除一切社会不公。

马克思批判了拉萨尔“废除工资制度连同铁的工资规律”的观点，指出拉萨尔一直围绕“铁的工资规律”兜圈子，没有看到雇佣劳动是这一规律存在的条件。而且，“铁的工资规律”也不是导致工人阶级贫困的真正原因，真正重要的原因是资产阶级和工人阶级的剥削和被剥削关系，而工资掩盖了资产阶级和工人阶级之间的剥削关系。“工资不是它表

① 《马克思恩格斯文集》（第3卷），人民出版社2009年版，第440页。
② 《马克思恩格斯选集》（第3卷），人民出版社1995年版，第309页。

面上呈现的那种东西，不是劳动价值和价格，而只是劳动力的价值或价格的隐蔽形式。”① 也就是说，工资不是劳动的真正价值和价格，工人所得到的工资并不是所付出的全部的劳动的价值，而只是其中的一部分，另外的部分就是工人白白为资本家劳动的部分，只有这样，工人才被允许劳动，从而维持自己的生存。正如马克思所说：“雇佣工人只有为资本家……白白地劳动一定的时间，才被允许为维持自己的生活而劳动，就是说，才被允许生存。”② 为了增加工人白白为资本家提供这部分无偿劳动，资本家采用了多种办法，如延长工人的劳动时间、提高劳动生产率、增加劳动力的紧张程度等等。因此，随着社会生产力越发展，工人阶级承受的剥削就越严重，雇佣劳动制度这一剥削制度就越残酷。因此可以看出，不是“铁的工资规律”导致了工人阶级的被剥削处境，不是“铁的工资规律”决定的工资制度导致了工人阶级的贫困，重要的原因是资产阶级和无产阶级的剥削关系。在资本主义制度下，正是资产阶级和工人阶级的存在必然导致无产阶级必须为资产阶级提供无偿劳动才能生存，从而也导致了资产阶级和无产阶级的剥削与被剥削的关系。只有消除资产阶级和无产阶级，才能消除这种剥削关系。推广开来，不但应该消灭资产阶级和无产阶级，还应该消除一切阶级。因此，马克思提出，只有从根本上消除阶级，才能消灭由阶级造成的各种各样的社会不公，才能从根本上消除无产阶级所承受的社会不公。

马克思还批判了巴枯宁创建的社会主义民主同盟纲领中的“各阶级平等”的主张，指出在资本主义社会内部寻求资产阶级和无产阶级之间的公平的幻想是不可能实现的。“一方面要保留现存的阶级，另一方面又要使这些阶级的成员平等——这种荒谬见解一下子就表明这个家伙的可耻的无知和浅薄”③，“‘各阶级的平等’，照字面上理解，不过是资产阶级社会主义者所鼓吹的‘资本和劳动的协调’的另一种说法而已。国际工人协会力求达到的最终目标，不是违背常理的‘各阶级的平等’，而

① 《马克思恩格斯选集》（第3卷），人民出版社1995年版，第310页。
② 《马克思恩格斯选集》（第3卷），人民出版社1995年版，第310页。
③ 《马克思恩格斯选集》（第4卷），人民出版社1995年版，第596页。

是历史地必然地出现的‘消灭阶级’”[①]。之所以是“违背常理”，“实际上是做不到的”[②]，是因为只要阶级存在、被压迫阶级存在，就必然有阶级压迫和阶级对抗。“被压迫阶级的存在就是每一个以阶级对抗为基础的社会的必要条件。”[③]

因此，马克思恩格斯指出，无产阶级主张消灭阶级，彻底实现社会公平。无产阶级的这种主张是伴随着资产阶级提出的平等要求出现的。“资产阶级的平等要求也由无产阶级的平等要求伴随着。从消灭阶级特权的资产阶级要求提出的时候起，同时就出现了消灭阶级本身的无产阶级要求。”[④] 另外，无产阶级的这一主张正是基于无产阶级和资产阶级的对立关系提出的自身平等要求，因此，“无产阶级平等要求的实际内容都是消灭阶级的要求。任何超出这个范围的平等要求，都必然要流于荒谬”[⑤]。

正是基于这一分析，马克思恩格斯多次明确提出“消灭阶级”这一主张。“‘消除一切社会的和政治的不平等’应当改成‘随着阶级差别的消灭，一切由这些差别产生的社会的和政治的不平等也自行消失’。”[⑥] 在《共产主义者同盟书》中，马克思明确指出，问题“不在于掩盖阶级对立，而在于消灭阶级，不在于改良现存社会，而在于建立新社会”[⑦]。恩格斯也指出，德国共产主义者是共产主义者的原因就在于，他们“始终清楚地瞄准和追求最后目的：消灭阶级和建立不再有土地私有制和生产资料私有制的社会制度”[⑧]。“消灭阶级是我们的基本要求”[⑨]。从中可以看出，马克思恩格斯认为，只有消灭阶级，由阶级对立和阶级差别导致的经济、政治、文化和社会领域的不公平才能真正消除。

---

① 《马克思恩格斯文集》（第 10 卷），人民出版社 2009 年版，第 301 页。
② 《马克思恩格斯全集》（第 16 卷），人民出版社 1964 年版，第 394 页。
③ 《马克思恩格斯选集》（第 1 卷），人民出版社 1995 年版，第 194 页。
④ 《马克思恩格斯选集》（第 3 卷），人民出版社 1995 年版，第 447 页。
⑤ 《马克思恩格斯选集》（第 3 卷），人民出版社 1995 年版，第 448 页。
⑥ 《马克思恩格斯选集》（第 3 卷），人民出版社 1995 年版，第 311 页。
⑦ 《马克思恩格斯文集》（第 1 卷），人民出版社 2009 年版，第 192 页。
⑧ 《马克思恩格斯选集》（第 3 卷），人民出版社 1995 年版，第 248 页。
⑨ 《马克思恩格斯文集》（第 4 卷），人民出版社 2009 年版，第 411 页。

5. 通过税收、教育、公共财政政策等措施实现社会公平

马克思恩格斯认为，在无产阶级取得政权，建立无产阶级的政治统治之后，可以通过一系列具体措施推进社会公平，这些措施主要包括：

第一，通过税收，推进社会公平。马克思恩格斯提出，可以征收高额累进税，减少穷人和富人的差距。可以通过“用累进税、高额遗产税、取消旁系亲属（兄弟、侄甥等）继承权”①，减缓因为家庭出身的不同而造成的社会不公，推进社会公平。

第二，通过教育，提高社会成员的素质。马克思恩格斯在《共产党宣言》中提出：“对所有儿童实行公共的和免费的教育，取消现在这种形式的儿童的工厂劳动。”② 恩格斯也提出：“所有的儿童，从能够离开母亲照顾的时候起，都由国家出钱在国家设施中受教育。”③

第三，统筹城乡发展，消除城乡对立，促进城乡融合。马克思主张把农村和工业结合起来，促使城乡对立逐步消灭。恩格斯在《共产主义原理》中提出：“将把城市和农村生活的优点结合起来，避免二者的片面性和缺点。”④

第四，通过公共财政政策，支持教育、医疗等社会事业。马克思恩格斯认为，应主动承担的费用包括“用来满足共同需要的部分和为丧失劳动能力的人等设立的基金”“用来满足共同需要的部分，如学校、保健设施等”“为丧失劳动能力的人等等设立的基金”⑤ 等。

第五，通过社会保障，调节社会公平。马克思恩格斯主张通过社会保障，让所有人都能一视同仁地享受到以下基本服务事业：一是为所有公民提供一定最低限度的同等的生活标准，无论他们的贡献如何。如健康、住房、教育等方面保障。二是限制个人收入之间差距。运用法律调整个人收入之间的差距。三是为失去劳动能力的人提供相当于一般社会生活标准的适当的生活条件。

---

① 《马克思恩格斯文集》（第 1 卷），人民出版社 2009 年版，第 686 页。
② 《马克思恩格斯选集》（第 1 卷），人民出版社 1995 年版，第 294 页。
③ 《马克思恩格斯文集》（第 1 卷），人民出版社 2009 年版，第 686 页。
④ 《马克思恩格斯文集》（第 1 卷），人民出版社 2009 年版，第 686 页。
⑤ 《江泽民文选》（第 2 卷），人民出版社 2006 年版，第 515 页。

二、马克思恩格斯社会公平理论的特征

（一）科学性

唯物史观和剩余价值学说是马克思恩格斯对人类思想的两大贡献，正是在这两大贡献的基础上，马克思主义理论成为了科学，具有科学性。作为马克思主义理论重要组成部分的社会公平理论，同样具有科学性。马克思恩格斯社会公平理论的科学性是指，人们的社会公平的诉求是依据一定的社会历史条件、时代发展要求和现实任务的需要而提出的，这些对社会公平的诉求是围绕“如何实现社会公平”而展开的，也就是怎样把握社会公平的实现的规律。具体来讲，马克思社会公平理论的科学性体现在理论基础、内容结构和实践效果三个方面。第一，从理论基础来看，马克思恩格斯摒弃了旧有的唯心主义社会公平理论的理论基础，认为历史唯物主义是社会公平理论的理论基础，这就把社会公平建立在科学的理论基础之上。马克思恩格斯的这一贡献宣告了以往所有的旧的唯心主义社会公平理论的破产，在社会公平理论史上第一次科学地揭示了社会公平的本质和社会公平随着社会物质生产条件的变化而变化的客观规律，从而使社会公平理论具有了科学性。第二，从内容结构来看，马克思抛弃了过去研究社会公平理论问题的形而上学的研究方法，运用辩证唯物主义和历史唯物主义的方法，深刻揭示了社会公平问题的根源和本质，分析了社会公平的本质属性以及社会公平的标准，探寻了社会公平的实现与生产力、所有制、交换、分配、阶级斗争等的关系，得出了一系列科学结论。第三，从实践效果来看，马克思恩格斯社会公平理论为人类社会解决公平问题提供了强有力的理论指导，有效地推动了人类社会公平的实践和发展，显示了它强大的生命力。

（二）合理性

合理性是马克思恩格斯社会公平理论的一个重要特征，简单来说，这一合理性是指马克思恩格斯的社会发展理论符合社会发展规律的价值

取向，关注人的需求、尊重人的意愿和诉求，为人的需求和意愿服务。

任何社会保持正常有序地健康地向前发展，不但要遵循社会发展的规律，还需要具有符合社会发展规律的价值取向。马克思恩格斯社会公平理论是符合社会发展规律的价值取向的。比如，公正是符合社会发展规律的价值取向，公正就是给人应得，是一种应该的回报或交换，说到底，是等利害交换的行为；不公正，就是给人不应得，就是一种不应该的回报或交换。马克思恩格斯社会公平理论是符合这一价值取向的。马克思关于分配公平的思想就深刻体现了这一价值取向。马克思深入分析资本主义社会资本家和工人进行的所谓的“等价交换”，指出在这一所谓的“等价交换”背后隐藏着巨大的不公平。资本家凭借对生产资料的占有在生产中处于统治地位，工人们没有生产资料，就只有靠出卖劳动力为生，工人拿到资本家付给的工资只是工人所提供的劳动的一部分，剩余的部分却被资本家无偿占有，这就严重违背了“等利交换”的公正本质和内涵。马克思认为，这是一种巨大的社会不公。

马克思恩格斯社会公平理论始终没有离开对人的价值关怀。马克思恩格斯社会公平理论始终关注人、重视人、尊重人，为了人的需求和意愿，以人为目的和归宿。马克思恩格斯社会公平理论合理性的主旨是“为了谁而实现社会公平”，也就是指社会公平的目的和归宿。在马克思恩格斯社会公平理论中，对实现社会公平规律的研究和把握并不是我们的根本目的，根本目的在于通过实现社会公平从而最终实现人的自由全面发展。在马克思恩格斯社会公平目标论中，马克思恩格斯把共产主义作为社会公平的目标，其中非常重要的原因是马克思恩格斯对人的看重。在共产主义社会中，人和人之间矛盾得到彻底解决，每个人都能够得到自由全面的发展，这是对人的价值的充分尊重。

（三）时代性

“与时俱进就是指与时代一同进步一同前进，始终代表时代的前进的方向，顺应时势，因时而变，理论上不拘泥于现成的公式，实践上不停步于已有的成果，思想上不束缚于现有的经验，一切都要向前看，研究新问题，解决新矛盾。”① 马克思恩格斯社会公平理论具有时代性，主要体现在两个方面：第一，马克思恩格斯社会公平理论作为人类社会物质生产实践的产物，必然随着社会实践的不断变化发展而不断发展。人类社会物质生产实践不是一成不变的，而是在不断变化发展的，新情况新问题也必然不断产生。那么，马克思恩格斯就要分析这些新情况新问题，不断提出新的解决办法，从而推动社会公平理论的不断发展。第二，马克思恩格斯社会公平理论作为一种理论，是一定历史阶段的产物，不可避免地具有一定的历史局限性，这一理论肯定不能穷尽客观世界，不能穷尽客观真理。因此，需要随着历史条件的不断变化，不断推动其发展和创新，而不能原地踏步、止步不前。马克思恩格斯社会公平理论是在19世纪的历史条件下创立的。在这一特定的历史条件下，马克思恩格斯社会公平理论虽然实现了社会公平理论史上的伟大变革和创新，但是这一理论不可避免地被烙上时代的印记，不可避免地带有一定的历史局限性，没有穷尽社会公平方面的一切真理。因此，还需要后人对它进行不断的丰富、发展和完善，使马克思恩格斯社会公平理论能更好地适应历史的发展，更好地为现实的社会公平问题提供指导。正因为马克思恩格斯社会公平理论具有这一特征，以列宁、毛泽东、邓小平、江泽民和胡锦涛为代表的马克思主义者把马克思恩格斯社会公平理论同本国具体的实践相结合，不断推进马克思恩格斯社会公平理论的发展。

本章小结

本章从马克思恩格斯的原著出发，深入挖掘著作的观点以及不同时期著作的内在联系，阐述了马克思恩格斯社会公平理论的主要内容。本章归纳总结了马克思恩格斯社会公平理论社会公平的目标、社会公平的根源、社会公平的属性、社会公平的标准和社会公平的实现五个方面的主要内容。就社会公平的目标而言，分析了马克思恩格斯对杜林社会公

---

① 任映红、戴海东：《中国共产党的社会公正观研究》，人民出版社2009年版，第282页。

平目标空想论的批判，进而确认了共产主义是社会公平的目标。就社会公平的根源而言，在详细分析马克思恩格斯对蒲鲁东、杜林唯心主义社会公平根源论进行深入批判的基础上，梳理论述了马克思恩格斯关于社会公平根源的观点。就社会公平的属性而言，论述了社会公平具有的历史性、阶级性和相对性。就社会公平的标准而言，通过对社会公平所属范畴的分析，指出不存在永恒不变的、抽象的社会公平标准，进而确认了检验社会公平与否的根本标准是是否符合社会生产力和生产关系的发展方向。就社会公平的实现而言，从实现社会公平的基础、保障、途径、措施等方面梳理阐述了马克思恩格斯关于实现社会公平的观点。本章在对马克思恩格斯社会公平理论主要内容进行分析的基础上，阐述了马克思恩格斯社会公平理论的科学性、合理性和时代性。

第三章　马克思恩格斯社会公平理论在苏联的发展

本章梳理了列宁对马克思恩格斯社会公平理论的发展，旨在把握马克思恩格斯社会公平理论在苏联的发展。

十月革命前，俄国是军事封建帝国主义国家，社会中存在着地主、资产阶级、农民和无产阶级等。农民和无产阶级遭受地主和资产阶级的压迫和剥削。十月革命胜利后，布尔什维克党夺取了政权，应该怎样推进社会公平？列宁深刻地领会马克思恩格斯社会公平理论的精髓，他从苏维埃俄国是小农占人口优势的国情出发，在领导苏联进行社会主义革命和建设过程中，不断把马克思主义基本原理同苏联的实际情况相结合，在推动社会公平方面作出了伟大的贡献。虽然列宁直接论述公平正义的文字相对较少，但是，他对社会公平正义的理论和实践追求成果仍能在他的社会主义理论和实践中找到丰富的内容。列宁对社会公平的理论实践探索，丰富和发展了马克思恩格斯社会公平理论，也给社会主义者留下了宝贵的遗产。

一、通过国家资本主义提高生产力，奠定社会公平的物质基础

实现社会公平必须大力解放和发展生产力。马克思主义主张在解放和发展生产力的基础上实现社会公平。只有在生产力发展的基础之上，社会物质财富和精神财富的增加才能够更好地满足人民群众的物质和文

化生活的需求，这是提升整个社会公平的最基础、最基本的首要环节和步骤。马克思恩格斯就明确指出，无产阶级在取得了统治地位成为统治阶级之后，要利用自己的政治统治，把生产工具集中在自己手里，并且要尽快发展生产力。大力发展生产力，创造比资本主义更好的生产力，这是实现社会主义社会公平的首要前提条件。列宁继承马克思恩格斯的这一思想，而且对其进行了丰富和发展。他认为，无产阶级在取得革命胜利掌握了国家政权之后，“根本任务就是：提高劳动生产率”①，“增加产品数量，大大提高社会生产力”②。大力发展生产力，用社会主义的大生产这一新的更高的社会生产方式代替资本主义的生产方式，这是无产阶级战胜资产阶级的“牢不可破的唯一保证”③，也是“最重要最主要的东西”④。社会主义制度巩固了，社会主义制度下的社会公平才能实现。

在十月革命之后，当时苏维埃俄国的生产力水平非常低，而且又受到第一次世界大战和国内革命战争的严重破坏，生产力的发展根本不能满足人民的需求。列宁在分析俄国经济结构时指出，俄国存在着五种经济成分。⑤ 在这五种经济成分中，不言而喻的是小农“结构”，即部分是宗法式的、部分是小资产阶级的“结构”占着优势。而在小农占优势的国家，直接向共产主义过渡是不可能的，需要通过国家资本主义迂回向共产主义过渡。另外，资本主义世界和俄国的地主、资产阶级妄想把新生的苏维埃政权扼死在摇篮中，发动了罪恶的武装干涉和国内战争。如果不及时恢复和发展生产力，苏维埃政权可能都很难保存，更别说实现社会公平了。在这些原因的促使下，在总结战时共产主义政策经验教训的基础上，1921 年 3 月，在列宁的领导下，新经济政策开始实行。列宁坚信，通过新经济政策能够过渡到社会主义，从而实现更高水平的社会公平。针对人们关于发展资本主义会危害社会主义的担心，他在 1921 年共产国际第三次代表大会《关于俄共策略的报告提纲》中指出：只要运

① 《列宁选集》（第 3 卷），人民出版社 1995 年版，第 490 页。
② 《列宁选集》（第 3 卷），人民出版社 1995 年版，第 623 页。
③ 《列宁选集》（第 4 卷），人民出版社 1995 年版，第 13 页。
④ 《列宁选集》（第 4 卷），人民出版社 1995 年版，第 16 页。
⑤ 《列宁选集》（第 3 卷），人民出版社 1995 年版，第 522 页。

输业和大工业仍掌握在无产阶级手中，发展国家资本主义，“对于社会主义一点也不可怕。恰恰相反，在一个经济遭到极度破坏的、落后的小农国家里，受无产阶级国家监督和调节的资本主义（即这个意义上的‘国家’资本主义）的发展是有益的和必要的”①。应该利用资本主义，特别是国家资本主义“作为小生产和社会主义之间的中间环节，作为提高生产力的手段、途径、方法和方式”②。

二、实质公平只有到共产主义高级阶段才能实现

马克思对拉萨尔泛泛地谈论一般公平的小资产阶级言论进行了犀利的批判。他认为，共产主义社会的发展进程表明，在共产主义社会的第一阶段，共产主义社会的第一阶段实现的“按劳动（而不是按需要）分配消费品”③，还没有真正实现实质公平。

列宁继承了马克思的这一观点。他指出，在共产主义第一阶段，虽然人与人之间的剥削已经变得不可能了，但是由于人们之间在天赋、能力等方面的条件是不同的，这就导致人和人之间的富裕程度还是会有所不同，而不同就是不公平。因此，在这一阶段，“分配的不平等仍然是可以大量存在的”④，还不能完全实现真正意义上的社会公平。

公平不仅仅是形式上的，而且应该是实质上的公平、平等，只有到共产主义高级阶段，在消灭了阶级，在实现生产资料社会占有的条件下，人们会要求“从形式上的平等进到事实上的平等”⑤。在共产主义社会，人们的“劳动生产率已经极大地提高”⑥，在劳动产品的分配方面，“每人将‘按需’自由地取用”⑦，这种分配是通过以下方式实现的：社会中

① 《列宁选集》（第 4 卷），人民出版社 1995 年版，第 541 页。
② 《列宁选集》（第 4 卷），人民出版社 1995 年版，第 510 页。
③ 《列宁选集》（第 3 卷），人民出版社 1995 年版，第 195 页。
④ 《列宁选集》（第 3 卷），人民出版社 1995 年版，第 91 页。
⑤ 《列宁选集》（第 3 卷），人民出版社 1995 年版，第 201 页。
⑥ 《列宁选集》（第 3 卷），人民出版社 1995 年版，第 198 页。
⑦ 《列宁选集》（第 3 卷），人民出版社 1995 年版，第 198 页。

的个人完成一定的劳动，之后，他可以领得一份证明，据此领取一定的产品，“每个劳动者从社会领回的正好是他给予社会的”[①]。在这一社会中，每个社会成员都会获得充分的尊重和关怀，劳动者是自由全面发展的人，脑力劳动和体力劳动之间的对立已经被消灭；大多数人怀着协作、团结、快乐的动机为整个社会成员的利益而工作。

三、生产资料公有制为社会公平提供保障

马克思恩格斯认为，要铲除资本主义社会不公的根源，就要改变资本主义占有方式，消灭私有制，建立生产资料公有制。正如《共产党宣言》中所说的：“共产党人可以把自己的理论概括为一句话：消灭私有制。”[②] 在继承马克思恩格斯这一观点的基础上，列宁认为，必须“消灭生产资料私有制，把它们变为公有财产”[③]。要把一切生产资料（包括土地、工厂和工具等）归处于统治地位的工人阶级所有，“才可能消灭一切剥削”[④]。正是在这一思想指导下，1918 年 3 月，列宁在俄国共产党（布尔什维克）第七次代表大会上提出，俄国无产阶级专政的基本任务，就是要剥夺地主和资产阶级的生产资料，要在废除土地私有制的基础上稳步地过渡到共耕制和大规模的社会主义农业，要把一切工厂、铁路、银行、船队以及其他生产资料归苏维埃共和国所有。1919 年 3 月，俄国共产党（布尔什维克）第八次代表大会通过的新纲领规定，苏维埃政权在完全废除土地私有制以后，要通过建立国营农场（即社会主义大农场）、鼓励农业公社（即农民经营公共大经济的自愿联合）以及共耕社和协作社等形式过渡到社会主义大农业。1920 年 11 月，最高国民经济委员会公布决议，决定把一切工业企业收归国有。

---

① 《列宁选集》（第 3 卷），人民出版社 1995 年版，第 194 页。
② 《马克思恩格斯选集》（第 1 卷），人民出版社 1995 年版，第 286 页。
③ 《列宁全集》（第 6 卷），人民出版社 1986 年版，第 193 页。
④ 《列宁全集》（第 6 卷），人民出版社 1987 年版，第 124 页。

四、认清了社会主义社会公平的发展阶段

马克思恩格斯提出，从资本主义到共产主义经过两个阶段，共产主义的第一阶段和高级阶段。但是由于种种原因，马克思恩格斯并没有对社会主义社会公平的发展阶段作出论述。

要认清社会主义社会公平的发展阶段，必须从社会主义社会的发展阶段中把握社会主义社会公平。列宁深刻体会了马克思关于共产主义两个阶段思想的精髓，首先提出了社会主义与共产主义的联系和区别。他说："社会主义与共产主义之间的科学区别，只在于第一个词是指从资本主义生长起来的新社会的第一阶段，第二个词是指它的下一个阶段，更高的阶段。"[①] 在这里，列宁用"社会主义"界定了马克思所称的共产主义社会的第一阶段。这个"共产主义的'第一'阶段或低级阶段"[②]，就是"社会主义"。列宁之所以对共产主义社会的阶段划分作出如此明确的阐述，是因为他认识到俄国当时的国情决定了向社会主义过渡，实现社会主义社会公平将是一个漫长的、艰巨的过程。当时的俄国生产力水平非常落后，又遭到战争的严重破坏，宗法制度在社会中占优势。1919年5月，列宁在《向匈牙利工人致敬》一文中写道：建立无阶级、没有剥削、人人都是劳动者的社会主义社会，要实现这个目标并非易事，需要长时期的努力，需要一个较长的过渡时期。"因为改变生活的一切方面是需要时间的，因为按小资产阶级和资产阶级方式经营的巨大的习惯势力只有经过长期的坚韧的斗争才能克服。"[③] 在这样的环境下建设社会主义，实现的社会主义社会公平必定只是一定程度的公平，与马克思恩格斯所所设想的共产主义高级阶段的社会公平还是有很大差距的。马克思恩格斯设想的共产主义高级阶段的社会公平是建立在高度发达的生产力基础之上，社会财富充分涌流，产品的分配实行"各尽所能、按需分

---

① 《列宁选集》（第4卷），人民出版社1995年版，第10页。
② 《列宁选集》（第3卷），人民出版社1995年版，第194页。
③ 《列宁选集》（第3卷），人民出版社1995年版，第835页。

配”，人彻底摆脱了“三大差别”，成为自由全面发展的人。而在社会主义阶段所能实现的公平远远达不到这样的水平。因此，列宁主张，要认清社会主义社会公平的发展阶段，分清在社会主义和共产主义高级阶段所实现的社会公平的差异，抛弃不切实际的幻想，避免好高骛远，切实把握社会主义阶段的特征，把社会公平同社会主义发展阶段联系起来，逐步地推动社会公平的切实提升。

五、坚持社会主义社会公平的实践性

马克思恩格斯社会公平理论的一个重要特点就是实践性，列宁很好地继承并坚持了马克思恩格斯社会公平理论的这一特点。他指出，社会主义是人们美好的社会理想，在这一社会，自由、公平、民主、幸福等理想将会得到体现，与此同时，他特别强调社会主义不能只停留在理想层次，要通过实践把这一美好的社会理想变成现实，“现在一切都在于实践”①。要实现社会主义，不能靠空谈，要从实际出发，一步一步去实践。列宁在谈到经济建设时也特别强调实践的重要性。他指出，在取得无产阶级革命胜利之后，国家的主要任务就由革命转变成经济建设，在这一状况下，需要从实际出发，认真分析面临的经济条件以及各种实际的经济环境，一步一个脚印地实干，“讲求实际和求实精神正是当前的主要口号”②，从而切实推动经济和各项社会事业的发展。如果对实际工作毫无兴趣，沉溺于空谈，这是不适应现实的需求和发展的要求的，会阻碍社会主义事业的发展。也正是从苏联国内的实际出发，而不是从本本出发，不是从教条出发，在列宁的领导下，在总结了军事共产主义政策的经验教训的基础上，开始推行新经济政策，通过“国家资本主义”和“私人资本主义”逐步向社会主义发展，也推进社会公平一步步向前发展。

---

① 《列宁选集》(第3卷)，人民出版社1995年版，第381页。
② 《列宁选集》(第34卷)，人民出版社1985年版，第145页。

六、重视文化建设，为社会公平创造良好的文化环境

马克思恩格斯认为，社会公平是法权观念，属于社会意识形态。文化建设对社会公平具有重要作用。列宁认为文化的变革是社会变革的先导，只有实现了文化的革命，加强文化建设，才能建设成真正的社会主义国家。如果广大人民文化素质不高，甚至文盲充斥整个国家，那么共产主义是不能实现的。因此，列宁非常重视文化建设，他还特别强调加强文化建设时应该正确处理无产阶级文化与以往文化的关系。无产阶级文化不是凭空想象出来的，不是从天上掉下来的，也不是所谓的无产阶级专家杜撰出来的，而是吸收人类全部历史发展过程的全部知识的基础之上合乎规律的发展，“只有确切地了解人类全部发展过程所创造的文化，只有对这种文化加以改造，才能建设无产阶级的文化，没有这样的认识，我们就不能完成这项任务”①。

本章小结

本章分析了列宁对马克思恩格斯社会公平理论的发展。列宁坚持了马克思恩格斯社会公平理论，并把马克思恩格斯社会公平理论运用到领导俄国进行社会主义革命和建设的实践，丰富和发展马克思恩格斯社会公平理论，这一发展主要包括：通过国家资本主义提高生产力奠定了实现社会公平的物质基础、实质公平只有到共产主义高级阶段才能实现、生产资料公有制为社会公平提供保障、认清了社会主义社会公平的发展阶段、坚持社会主义社会公平的实践原则、重视文化建设，为社会公平创造良好的文化环境。

① 《列宁全集》（第39卷），人民出版社1986年版，第299页。

第四章　马克思恩格斯社会公平理论在中国的发展

马克思恩格斯社会公平理论在中国的发展主要表现为以毛泽东、邓小平、江泽民和胡锦涛为代表的中国共产党人对马克思恩格斯社会公平理论的发展。

一、毛泽东对马克思恩格斯社会公平理论的发展

毛泽东的社会公平思想产生于20世纪上半期。当时他面临的是一个深受帝国主义、封建主义和官僚资本主义“三座大山”压迫和剥削的中国，广大人民生活在水深火热之中，社会不公触目惊心。根据当时的社会历史条件和特定的时代背景，毛泽东同志对社会公平进行了一系列广泛而深入的探索，在《论十大关系》《关于正确处理人民内部矛盾的问题》等文章中提出了许多有价值的观点，进而形成了毛泽东同志特有的社会公平思想。他大声疾呼，要谋求“我们的共同利益”，要“谋我们种田人的种种利益”，“谋我们工人的种种利益”。他主张推翻“三座大山”的剥削和压迫，从根本上改变旧的社会不公和社会政治经济秩序，建立新型的社会主义制度，让广大人民成为自己国家的主人，实现广大人民群众的根本利益，推进社会公平。在以毛泽东同志为核心的党的第一代领导集体的领导下，中国共产党成功完成了新民主主义革命的历史任务，建立了中华人民共和国，完成了社会主义改造，建立了社会主义

公有制，为推进社会公平提供了根本保障，对推进中国社会的发展进程产生了广泛而深刻的影响。

（一）解放和发展生产力能为社会公平奠定坚实的物质基础

毛泽东非常重视解放和发展生产力。在刚取得政权之后，毛泽东就明确指出，我们工作的重心应从军事斗争转到发展生产力上，坚持在发展生产的基础上逐步提高人民群众的物质文化生活水平，并提出要把中国建设成为富强的社会主义国家的目标。在完成对生产资料私有制的社会主义改造后，毛泽东提出工作重心的转移和发展生产力问题："我们的根本任务已经由解放生产力变为在新的生产关系下面保护和发展生产力。"① 1956年，中国共产党第八次全国代表大会也明确指出，中国社会的主要矛盾已经不是工人阶级与资产阶级的矛盾，而是先进的社会主义制度与落后的社会生产力之间的矛盾。而且还提出要把中国尽快从落后的农业国变为先进的工业国，这实际上是要把党和国家的工作重心转移到经济建设上来。他还进一步强调了经济发展平衡问题的重要性。1959年，毛泽东在分析国内形势时明确指出，综合平衡是根本和最基本的问题之一。"大跃进的重要教训之一、主要缺点是没有搞平衡，说了两条腿走路、并举，实际上还是没有兼顾。在整个经济中，平衡是个根本问题，有了综合平衡，才能有群众路线。"② 他还具体指出了农业和工业的生产平衡。"要注意质量，宁肯少些，但要好些、全些，各种各样都要有。农业中，粮、棉、油、麻、丝、烟、茶、糖、菜、果、药、杂都要。工业中，要有轻工业、重工业，其中又要各样都有。"③ 他还提出了提高劳动生产率的三个途径。他说："提高劳动生产率，一靠物质技术，二靠文化教育，三靠政治思想工作。后两者都是精神作用。"④ 在此基础上，毛泽东明确提出了生产力的发展对社会发展的基础作用。他认为，生产力的

① 《毛泽东选集》（第5卷），人民出版社1999年版，第377页。
② 《毛泽东文集》（第8卷），人民出版社1999年版，第80页。
③ 《毛泽东文集》（第8卷），人民出版社1999年版，第76页。
④ 《毛泽东文集》（第8卷），人民出版社1999年版，第124页。

发展，能满足人民对物质产品的需求，是人民生活改善和社会发展的基础。他在论述农业的重要性时指出："农业关系到五亿农村人口的吃饭问题，吃肉吃油问题，以及其他日用的非商品性农产品问题。这个农民自给的部分，数量极大。……农业搞好了，农民能自给，五亿人口就稳定了。"① "农业也关系到城市和工矿区人口的吃饭问题。商品性的农产品发展了，才能供应工业人口的需要，才能发展工业。要在发展农业生产的基础上，逐步提高农产品特别是粮食的商品率。"②

（二）对社会公平制度保障的理论和实践上的新构建

新中国成立后，毛泽东对经济制度、政治制度、文化教育制度、社会制度的构建，不仅确立了中国人民当家做主的主人翁地位，而且有力地保障了人民平等地参政、议政、执政，公平地占有和分配社会财富，平等地享有社会地位和权利。

在经济制度方面，第一，构建了生产资料公有制为基础的经济制度保障社会公平。新中国成立初期，在农村进行了大规模的土地改革运动，颁布并实行了《土地法大纲》，实现了耕者有其田，这对于当时占全国人口90%的广大农民来说是前所未有的社会公平举措。1956年，基本完成了对农业、手工业和商业的社会主义改造，生产资料公有制基本确立，生产资料公有制的实现形式分为全民所有制和集体所有制，私有制被消灭。之所以进行这一系列的变革，非常重要的原因是，毛泽东认为，生产资料公有制能消除部分社会成员凭借对生产资料的占有而剥削其他社会成员的可能，为实现社会公平提供根本保障。第二，在分配制度方面，新中国成立后，在完成了社会主义改造，基本建立社会主义制度之后，国家通过劳动工资改革，以按劳分配为原则，在全民所有制和集体所有制企事业单位建立起大致统一的工资制度。1956年，第一届全国人民代表大会第三次会议通过的《高级农业生产合作社示范章程》规定，在农业合作社实行"各尽所能，按劳取酬"，不分男女老少，同工同酬。同

① 《毛泽东文集》（第7卷），人民出版社1999年版，第199页。
② 《毛泽东文集》（第7卷），人民出版社1999年版，第199页。

时明确指出，生产责任制能体现按劳分配原则。要求“要正确地规定各种工作的定额和报酬标准，实行按件计酬”①，也可以实行包产和超产奖励。对于部分劳动者个人的发明创造等促进生产的建议和行为给予一定的奖励。《有关生产的发明、技术改进及合理化建议的奖励暂行条例》规定，发明、技术改进、合理化建议所创造的价值，到年终可以按比例提取，作为奖金奖励有关人员。第三，经济组织中的维护劳动者之间平等关系的制度。在国营经济组织中，工人和干部都是企业的主人，他们之间是平等的劳动者合作关系。在私营企业中，废除了封建的压迫工人的制度，工人建立了维护自身权益的工会组织，与资方形成了平等的契约关系。

在政治制度方面，第一，人民民主专政制度是社会公平的重要保障。毛泽东认为，封建的等级制度和宗法血缘关系是社会公平正义的严重制度障碍，它限制了人的基本权利，束缚了人的自由，造成性别歧视，严重阻碍了社会公平正义的实现。他主张男女平等，女性应该和男人一样平等地享有政治权利。新中国成立后，人民民主专政制度的确立，使中国人民成为国家的主人。“在人民内部实行民主，对人民的敌人实行专政，这两个方面是分不开的，把这两个方面结合起来，就是无产阶级专政，或者叫人民民主专政。我们的口号是无产阶级领导的、以工农联盟为基础的人民民主专政。”② “我们充分发扬了民主，就能把党内、党外广大群众的积极性调动起来，就能使占总人口百分之九十五以上的人民大众团结起来。做到了这些，我们的工作就会越做越好，我们遇到的困难就会较快地得到克服，我们事业的发展就会顺利得多。”③ 他非常重视人民对政府和工作人员的民主监督。人民监督党和国家公务人员，能有效防止党和国家公务人员滥用人民交给的权力为自己谋利，从而保障社会公平。1945 年 7 月，民主人士黄炎培访问延安，他在谈到历史周期律

① 中共中央文献研究室编：《建国以来重要文献选编》（第 8 册），中央文献出版社 1994 年版，第 415 页。

② 《毛泽东文集》（第 8 卷），人民出版社 1999 年版，第 297 页。

③ 《毛泽东文集》（第 8 卷），人民出版社 1999 年版，第 311 页。

时说：“其兴也忽焉，其亡也忽焉”，“一部历史，‘政怠宦成’的也有，‘人亡政息’的也有，‘求荣取辱’的也有。总之，没有能跳出这周期率。希望你们找到一条新路，跳出这个周期率的支配”。毛泽东回答说：“我们已经找到了新路，我们能够跳出这始兴终亡的周期率。这条新路就是民主。只要让人民来监督政府，政府才不敢松懈。只要人人起来负责，才不会人亡政息。”① 第二，人民代表大会制度。人民代表大会制度是我国的根本政治制度。1954 年通过的《中华人民共和国宪法》中规定，中华人民共和国是工人阶级领导的，以工农联盟为基础的人民民主专政的社会主义国家，国家的一切权力属于人民，国家的根本政治制度是人民代表大会制度。宪法和有关选举法明确规定，所有人民代表均由选举产生。凡年满 18 周岁的中国公民，不分民族、种族、性别、职业、家庭出身、宗教信仰、教育程度、财产状况、居住期限，都有选举权和被选举权。人民代表大会制度保证了广大人民通过选举自己的代表参与管理国家事务，向国家反映自己的诉求，维护自己的权益，是推进社会公平的重要保障。第三，中国共产党的领导。“我们的党是无产阶级政党，是无产阶级的先进部队，是用马克思列宁主义武装起来的战斗部队。我们是站在占总人口的百分之九十五以上的人民大众一边，绝不站在占总人口百分之四、五的地、富、反、坏、右那一边。”② “我们国家要有很多诚心为人民服务、诚心为社会主义事业服务、立志改革的人。我们共产党员都应该是这样的人。”③ 中国共产党的宗旨就是要全心全意为人民服务，“不要半心半意或者三分之二的心三分之二的意为人民服务”④。第四，法制。“法律是上层建筑。我们的法律，是劳动人民自己制定的。它是维护革命秩序，保护劳动人民利益，保护社会主义经济基础，保护生产力的。”⑤ 在新中国初期的“三反”“五反”运动中，毛泽东强调要完

---

① 薄一波：《若干重大决策与事件的回顾》（上卷），中央党校出版社 1991 年版，第 457 页。

② 《毛泽东文集》（第 8 卷），人民出版社 1999 年版，第 307 页。

③ 《毛泽东文集》（第 7 卷），人民出版社 1999 年版，第 275 页。

④ 《毛泽东文集》（第 7 卷），人民出版社 1999 年版，第 285 页。

⑤ 《毛泽东文集》（第 7 卷），人民出版社 1999 年版，第 198 页。

善法律法规，为推进社会公平提供保障。“中央人民政府不仅将颁布惩治贪污的条例和惩治浪费的条例，各级领导机关必须仿照实行反革命条例那样，大张旗鼓地发动一切工作人员和有关的群众进行学习，号召坦白和检举，并由主要负责同志亲自督促和检查。”[①] 1954 年，在毛泽东的领导下，中国制定并通过了第一部宪法。毛泽东认为，任何团体、国家要维护自身的健康稳定发展，都需要有一个总的章程，这个总的章程就是根本大法，宪法就是这一根本的法律，对保障人民民主和维护社会公平具有重要作用，它“把人民民主和社会主义原则固定下来”[②]，让全国人民在这一根本法律的规制下进行生产和生活，是人民群众正当权益和社会和谐安定有序的有力保障。他还要求法律制定后要重视实施环节的科学性和公正性，执法时必须坚持以事实为根据，以法律为准绳，克服主观主义的思想和情绪，尤其要反对刑讯逼供、反对株连。

在文化教育制度方面，在以毛泽东同志为核心的党的第一代领导集体的领导下，文化制度的建立促进了群众文化的兴起，激发了人民群众共建美好家园的积极性，促进了社会公平。1949 年通过的《中国人民政治协商会议共同纲领》规定，新中国的文化教育是“新民主主义的，即民族的、科学的、大众的文化教育”。这就规定了我国的文化教育的性质是为广大人民群众服务的教育，让广大人民享有平等的受教育的权利。“我们的教育方针，应该使受教育者在德育、智育、体育几方面得到发展，成为有社会主义觉悟的有文化的劳动者。”[③] 这就明确提出了我国教育的目标。我国办起了大量的小学、中学，还办起了形式多样的学校如农业中学、半耕半读学校等，学费低廉，保证普通人民群众上得起学，而且在中等以上学校普遍实行助学金制度，帮助经济困难的农民工子弟就学。

在社会制度方面，第一，有关就业方面。1952 年 7 月，中央人民政府发布的《关于劳动就业问题的决定》明确规定，社会所有失业工人和

① 《毛泽东文集》（第 6 卷），人民出版社 1999 年版，第 208 页。
② 《毛泽东文集》（第 6 卷），人民出版社 1999 年版，第 328 页。
③ 《毛泽东文集》（第 7 卷），人民出版社 1999 年版，第 226 页。

初中以上文化的知识分子、已经停工歇业的手工业者、小商小贩、旧军官、旧官吏，凡有意愿就业者，皆可到政府劳动部门登记，由政府统一安排工作岗位。大中学生的工作由国家统一分配，城镇闲散人员由街道办安排工作，农村中的劳动者人人从事农业劳动。企业和事业单位的用人、用工和劳动力的调配由政府劳动人事部门统一管理，企事业单位无权自行裁减人员以及在编制外招收职工。第二，有关社会保障方面。在农村，“六十年代和七十年代各地逐步建立了合作医疗制度，政府和公社出资，为生产大队培养了大批‘赤脚医生’，农民一般小毛小病、吃药打针，在生产大队就可以解决。这一制度深受农民的欢迎，……1965 年又开始实行巡回医疗制度，由城市各医院的义务工作者组成巡回医疗队，下农村进行防病治病。这一制度不仅改善了农村缺医少药的状况，而且拉近了城乡距离，受到农民的衷心欢迎”[①]。在城市，就国家机关事业单位而言，1952 年 6 月，政府、党派、人民团体和事业单位的工作人员开始享受公费医疗。就企业单位而言，1951 年 2 月，国家颁布的《中华人民共和国劳动保险条例》（下文简称《劳动保险条例》）明确规定，100 人以上国营、私营企业，都必须参加由中华全国总工会牵头的劳动保险基金，为被雇佣劳动者提供工伤、疾病、养老等方面的保险。1952 年 1 月，政务院重新颁布了修改后的《劳动保险条例》，对劳动保险的相关事项作了更加详细的规定，包括劳动保险的对象、劳动保险金的筹措、各种劳动保险的筹措、各种劳动保险的具体待遇（伤残、疾病、生育、年老、死亡等保险以及对伤亡职工直系亲属的供养）、特殊劳动保险待遇、劳动保险的管理、执行和监督等。这一系列制度的确立，使得城市职工的医疗、养老、工伤等得到保障。

（三）在统筹发展中推进社会公平

毛泽东认为，要统筹重工业、轻工业和农业三大产业的协调发展。1956 年，毛泽东在《论十大关系》中明确提出了要处理好重工业和轻工

---

① 董建萍：《公正视域中的中国特色社会主义——当代中国社会公正若干问题研究》，学林出版社 2010 年版，第 144 页。

业、农业的关系的必要性。他认为，在中国经济建设中，重工业无疑是重点。必须对重工业优先发展，这是我们已经确定的发展战略方针。在发展重工业的同时，也不能忽视轻工业和农业。如果轻工业发展不好，对重工业和农业的发展会产生不利的影响。如果农业发展不好，工人和农民没有足够的粮食满足自己生活的需求，就必然会影响到重工业的发展。因此，“重工业和轻工业、农业的关系，必须处理好”①。另外，还要统筹各种经济成分的发展，推动社会公平。在新中国成立后的过渡时期，当时的经济成分有五种，分别是国营经济、合作社经济、个体经济、私营经济和国家资本主义。毛泽东将新民主主义的经济建设方针确定为“公私兼顾、劳资两利、城乡互助、内外交流”政策。因此，在整个经济活动中，国营经济在发挥领导作用的同时，其他经济成分也在发挥相应的作用，使各个经济成分分工合作，充分发挥各个经济成分的优势，各得其所，从而共同促进整个经济的发展。这一政策充分尊重了各个经济成分的利益，使得他们拥有平等的权利，从而促进了经济的发展和繁荣。实践证明，这一政策是符合当时历史条件的正确和合理的政策。

（四）加强对干部、群众的教育是推进社会公平的重要途径

面对部分干部腐化堕落、官僚主义和干群关系不正常导致的社会不公，毛泽东认为，缺乏教育是导致这些社会不公的重要原因。因此，在任何时候，对干部进行教育都是一个重要问题。对干部进行教育包括思想理论教育、道德教育、业务技能教育，其中思想道德教育是重点。另外，还要对人民群众进行教育，提高人民群众的意识，特别是提高人民群众对现实社会的认识，推动社会公平的进程。毛泽东认为，我们的社会处于大变动时期，这样的大变动当然要反映到人们的思想上来，不同的阶级、阶层、社会集团的人们对社会的大变动的认识是不同的。因此，要对人民群众进行社会主义革命和社会主义建设等方面的教育，摒弃错

① 《毛泽东文集》（第7卷），人民出版社1999年版，第24页。

误认识，树立正确认识，维护社会主义制度和社会主义建设。他非常重视通过整风，提高干部和人民群众的思想素质。“整风就是整顿思想作风和工作作风。……就是先研究一些文件，每个人在学习文件的基础上检查自己的思想和工作，开展批评和自我批评，揭发缺点和错误的方面，发扬优点和正确的方面。”① 要协调好劳动中的人与人的关系，通过整风，使得干部和群众的关系和谐，“要领导者采取平等态度待人；一年、两年整一次风”②。

（五）弘扬社会主义精神和共产主义精神推进社会公平

毛泽东对自私自利的资本主义文化持强烈的反对态度。自私自利的资本主义文化把个人利益放在至高无上的地位，从一己之利出发，甚至损人利己。这种文化环境不利于社会成员之间利益矛盾的化解，不利于社会成员之间形成公平互利和谐的利益关系，不利于社会公平的维护和提升。毛泽东反对这一文化，他“提倡社会主义精神”③。在社会主义精神文化的指导下，广大社会成员把国家利益、集体利益和个人利益三者有机地结合起来处理各种社会事务，有助于更好地协调三者之间的矛盾和冲突，有助于整个社会平等、公平、和谐关系的形成。

毛泽东在批评官僚主义时，主张通过弘扬共产主义精神，提高精神追求，来改变官僚主义这一社会不公现象，推进社会公平。他说，“官气是一种低级趣味，摆架子、摆资格、不平等待人、看不起人，这是最低级的趣味，这不是高尚的共产主义精神”④，这种处事、待人、工作的态度和方式助长官僚主义，人民群众不能得到平等地对待，必然妨碍社会公平正义的实现。他要求党和国家的领导干部和其他工作人员要以普通劳动者的姿态为广大人民群众工作，平等对待他人，处事公允，行为端正，这才是共产党人应当追求和践行的共产主义精神。

---

① 《毛泽东文集》（第 7 卷），人民出版社 1999 年版，第 274 页。
② 《毛泽东文集》（第 8 卷），人民出版社 1999 年版，第 135 页。
③ 《毛泽东文集》（第 7 卷），人民出版社 1999 年版，第 378 页。
④ 《毛泽东文集》（第 7 卷），人民出版社 1999 年版，第 378 页。

二、邓小平对马克思恩格斯社会公平理论的发展

1976 年，在党和国家面临向何处去的重大历史关头，在以邓小平同志为核心的党的第二代领导集体的领导下，中国共产党第十一届中央委员会第三次全体会议（下文简称“中共十一届三中全会”）确定了解放思想、开动脑筋、实事求是、团结一致向前看的指导方针，作出了把党和国家工作中心转移到经济建设上来、实行改革开放的历史性决策，开启了中国改革开放的新篇章，也开辟了中国特色社会主义公平正义的崭新道路。在开启和推动改革开放的整个过程中，在汲取过去推进社会公平经验教训的基础上，邓小平对“为什么要实现社会公平”“实现什么样的社会公平”“怎样实现社会公平”等问题作了全面系统的回答，丰富和发展了马克思恩格斯社会公平理论。

（一）对社会公平地位的新论断

邓小平认为，社会公平是社会主义的本质体现，社会公平直接关系着社会主义的实现，是社会主义建设的中心课题。本质是某物存在的根据，是一事物区别于其他事物的根本标志。邓小平继承了马克思恩格斯关于生产力和生产关系的矛盾运动、经济基础和上层建筑的矛盾运动推动着社会形态的变化这一历史唯物主义方法论，从生产力和生产关系两个方面揭示了社会主义的本质。“社会主义的本质，是解放生产力，发展生产力，消灭剥削，消除两极分化，最终达到共同富裕。”[①] 这里的“消灭剥削，消除两极分化，最终达到共同富裕”是“社会公平”的重要内容。“社会公平”这一本质内涵也是社会主义之所以是社会主义的重要标志。“社会主义与资本主义不同的特点就是共同富裕。”[②] 在 1992 年初的南方谈话中，他又强调，在社会主义社会

① 《邓小平文选》（第 3 卷），人民出版社 1993 年版，第 373 页。
② 《邓小平文选》（第 3 卷），人民出版社 1993 年版，第 123 页。

里，不提倡少部分人富裕，而大部分人却非常贫穷，“不是那个样子”①。不难看出，邓小平把“社会公平”提到了社会主义本质内涵的高度，明确了实现社会公平的重要地位。随着改革的不断推进，到了一定社会阶段，这一体现社会主义本质的问题将成为“大问题”和“中心课题”：在中国这样人口众多的国家，在广大人民群众都摆脱了贫穷，变得富裕之后，财富怎样在广大社会成员之间合理地分配，这是非常重大的关系到每个人切身利益的重大问题，“分配的问题大得很”②；“共同致富，我们从改革一开始就讲，将来总有一天成为中心课题”③。因此，能否实现社会公平直接决定着社会主义的成败，是社会主义建设的中心课题。如果没有社会公平，社会成员之间利益差距悬殊，社会中一小部分人占有整个社会的大部分财富，而大部分社会成员却非常贫穷，这样的发展是不能够持续的。“分配不公，会导致两极分化”④，两极分化必然造成社会成员之间各种各样的利益矛盾和冲突，例如“民族矛盾、区域间矛盾、阶级矛盾”⑤ 等等。任由这些矛盾和冲突肆意蔓延，必然引起整个社会的动荡，“中国就会发生闹革命的问题”⑥，“改革就算失败了”⑦，社会主义事业就会落空，实现社会公平将是一句空话。

马克思恩格斯虽然对公平作了很多论述，但并没有明确论述“社会公平”的重要地位。邓小平从“社会公平”和“社会主义”二者的关系角度论述了社会公平的重要地位，这是对马克思恩格斯社会公平理论的丰富和发展。

---

① 《邓小平文选》（第 3 卷），人民出版社 1993 年版，第 364 页。

② 中共中央文献研究室编：《邓小平年谱（1975—1997）》（下），中央文献出版社 2004 年版，第 1364 页。

③ 《邓小平文选》（第 3 卷），人民出版社 1993 年版，第 364 页。

④ 中共中央文献研究室编：《邓小平年谱（1975—1997）》（下），中央文献出版社 2004 年版，第 1364 页。

⑤ 《邓小平文选》（第 3 卷），人民出版社 1993 年版，第 364 页。

⑥ 《邓小平文选》（第 3 卷），人民出版社 1993 年版，第 229 页。

⑦ 《邓小平文选》（第 3 卷），人民出版社 1993 年版，第 139 页。

（二）对社会主义社会公平目标的新确定

马克思恩格斯在设计未来共产主义社会的蓝图时，提出了实现社会公平的终极目标是“每个人自由而全面的发展”。实现社会公平的终极目标是一个阶段性的过程，因此在不同的社会发展阶段，需要确定与该社会发展阶段生产力性质和水平相适应的社会公平目标。邓小平继承了马克思恩格斯社会公平理论，把社会主义阶段社会公平的目标具体化为“共同富裕”。“我们坚持走社会主义道路，根本目标是实现共同富裕。”①“社会主义最大的优越性就是共同富裕”②，“社会主义与资本主义不同的特点就是共同富裕”③。

之所以说社会主义社会公平的目标是共同富裕，这是由共同富裕的内涵所决定的：第一，共同富裕不是平均主义，社会成员之间的利益有差距，但要保持合理均衡。邓小平反思了新中国成立以后20多年社会主义建设的教训，指出我们过去的错误在于不重视社会成员之间的公平问题，“搞平均主义，吃‘大锅饭’”④，这不能调动大家生产的积极性和创造性，导致整个社会成员陷入贫穷落后的状态。因此，我们实行改革，就是也革除过去的陋习，废除平均主义的分配原则，推行更加公平的分配原则。邓小平说，我们要实行按劳分配，对那些在社会主义建设中贡献比较大的社会成员给予相应的物质和精神报酬，“提倡一部分人和一部分地方由于多劳多得，先富裕起来”⑤，这就必然产生一定的收入差距，但这种差距要限制在合理范围内，也就是使社会成员之间的利益差距保持合理均衡，这样才能实现社会公平。第二，共同富裕不是指社会的劳动成果归少数人所有，不是一小部分社会成员过上富裕的生活而大部分社会成员还饱受贫穷的折磨。“社会主义不是少数人富起来、大多数

① 《邓小平文选》（第3卷），人民出版社1993年版，第155页。
② 《邓小平文选》（第3卷），人民出版社1993年版，第364页。
③ 《邓小平文选》（第3卷），人民出版社1993年版，第123页。
④ 《邓小平文选》（第3卷），人民出版社1993年版，第155页。
⑤ 《邓小平文选》（第2卷），人民出版社1994年版，第258页。

穷”①，如果少数人富、大多数人穷，就不是共同富裕，而是两极分化。贫富两极分化，社会成员之间利益差距悬殊，是与社会公平背道而驰的；“社会主义的富是人民共同富裕”②，只有共同富裕，社会成员之间利益关系才能处于合理均衡的状态，才能实现社会公平。第三，共同富裕是指社会的劳动成果应归全体人民共享，全体人民是享有劳动成果的主体。“社会主义的致富是全民共同致富。”③ 财富属于全体人民，归全体人民共享。邓小平多次强调这一观点。社会主义的特点是广大人民群众的“共同富裕”④，“创造的财富，第一归国家，第二归人民”⑤，要让人民群众的“日子普遍好过”⑥。全体人民是享有劳动财富的主体，如果全体人民没有共享劳动财富，就不能说是实现了共同富裕。全体人民共享社会财富，也就意味着社会成员之间利益的均衡，也就是实现社会公平。

邓小平把社会主义社会公平的目标确定为共同富裕，这一思想是在继承马克思恩格斯社会公平理论的基础上，从中国的实际情况出发，确定了在社会主义阶段社会公平应达到的目标，是对马克思恩格斯社会公平理论的一大创新。实践也证明，这是解决中国社会主义社会公平问题的有效思路。

（三）社会主义的根本任务是发展生产力，为社会公平奠定基础

中共十一届三中全会以来，在和平与发展成为时代主题的历史条件下，邓小平对中国历史经验教训进行了深刻的总结，确定了社会主义的根本任务是发展生产力，有力推动了中国社会主义事业的发展。

早在改革开放初期，邓小平在总结了新中国成立30年来的经验教训时，明确指出我们的重大失误就是发展生产力方面的失误。他说：“一九四九年取得政权后，解放了生产力，土地改革把占人口百分之八十的农

---

① 《邓小平文选》（第3卷），人民出版社1993年版，第364页。
② 《邓小平文选》（第3卷），人民出版社1993年版，第264—265页。
③ 《邓小平文选》（第3卷），人民出版社1993年版，第172页。
④ 《邓小平文选》（第3卷），人民出版社1993年版，第261页。
⑤ 《邓小平文选》（第3卷），人民出版社1993年版，第123页。
⑥ 《邓小平文选》（第3卷），人民出版社1993年版，第161—162页。

民的生产力解放出来了。但是，解放了生产力以后，如何发展，这件事做得不好，主要是太急，政策偏‘左’，结果不但生产力没有顺利发展，反而受到阻碍。”[①] 他说，最近的30年，我们工作的一定失误就是没有把社会主义建设这一工作作为重点，这就导致了“社会生产力的发展不快、不稳、不协调”[②]，生产力相对落后，社会物质财富不丰富，严重阻碍了社会公平的实现。因此，吸取这些经验教训，我们“提出整个社会主义历史阶段的中心任务是发展生产力”[③]，“社会主义的首要任务是发展生产力，逐步提高人民的物质和文化水平”[④]。生产力的发展，社会物质财富的丰富，能为实现更高水平的社会公平奠定物质基础。在1992年初的南方谈话中，邓小平提出“抓住时机，加快发展”“发展才是硬道理”的著名论点。所谓“硬道理”，是指大局，党和政府的一切工作都要服从和服务于发展这个大局，发展也是解决中国一切问题（包括社会公平问题）的关键。这里的发展是包括生产力的发展在内的经济、政治、文化、社会的全面发展，其中，生产力的发展是中心。

邓小平继承了马克思恩格斯关于共产主义是建立在生产力的高度发展的基础上的思想，明确指出，各尽所能、按需分配只有到共产主义高级阶段才能实现，“这就要求社会生产力高度发展”[⑤]，只有“经济高度发展了，物质极大丰富了，才能做到各尽所能，按需分配”[⑥]。社会主义是共产主义的第一阶段，需要发展生产力。如果一些国家仍然处于非常贫穷的状况，那么，他们的生产力水平肯定没有发达国家的生产力水平高。在这样的情况下，这些国家就应该解放和发展生产力，摆脱贫穷落后的状况，让广大人民富裕起来，使广大人民群众的物质文化需求得到很好的满足，“否则，社会主义怎么能战胜资本主义？”[⑦] “社会主义阶段

---

① 《邓小平文选》（第3卷），人民出版社1993年版，第227页。
② 《邓小平文选》（第2卷），人民出版社1994年版，第249页。
③ 《邓小平文选》（第3卷），人民出版社1993年版，第254—255页。
④ 《邓小平文选》（第3卷），人民出版社1993年版，第116页。
⑤ 《邓小平文选》（第3卷），人民出版社1993年版，第63页。
⑥ 《邓小平文选》（第3卷），人民出版社1993年版，第10页。
⑦ 《邓小平文选》（第3卷），人民出版社1993年版，第10页。

的任务很多，但根本一条就是发展生产力。”[①] 只有生产力高度发展，才能为社会提供充足的物质财富，人民群众才能在这一物质基础上共享物质财富，从而社会公平才能逐步实现。如果不发展生产力，生产力水平落后，物质财富匮乏，人民群众普遍贫穷，即使实现了与该生产力水平相适应的公平，也只是低水平的公平。没有生产力的高度发展，没有生产力高度发展提供的物质基础，实现社会公平只能是空中楼阁。

邓小平的这一思想和马克思恩格斯的思想是一脉相承的，他不但继承了马克思恩格斯生产力理论，而且运用这一理论分析中国面临的实践问题，提出的思想观点对解决中国的实际问题具有重要的指导意义。改革开放30多年的实践也证明，生产力的发展，整个物质财富的丰富，人民群众物质需求不断得到满足，在此基础上，社会公平的水平也不断提高。

（四）对社会公平保障的新强调

共产党是马克思主义政党，是代表无产阶级利益的政党。“共产党人不屑于隐瞒自己的观点和意图。他们公开宣布：他们的目的只有用暴力推翻全部现存的社会制度才能达到。让统治阶级在共产主义革命面前发抖吧。无产者在这个革命中失去的只是锁链。他们获得的将是整个世界。”[②] 共产党要推翻资本主义社会，建立共产主义社会，为实现无产阶级的利益奋斗。在中国，共产党是代表广大劳动人民利益的党，是为实现广大人民群众的利益而奋斗的党，也正因如此，共产党能把广大人民群众团结在一起，进行社会主义建设。也正因有共产党这一领导核心，才能避免一盘散沙，四分五裂；才能把各种力量团结起来，从而实现社会公平。因此，共产党的领导是实现社会公平的前提条件。只要中国共产党的领导是正确的，那就不仅能把全党的力量团结起来，而且能够把全国人民的力量集合起来，取得社会主义建设事业的胜利。没有中国共产党的领导，就不会有中国革命的胜利，就不会有安定统一的政治局面，

① 《邓小平文选》（第3卷），人民出版社1993年版，第137页。
② 《马克思恩格斯选集》（第1卷），人民出版社1995年版，第307页。

就没有一个领导核心来组织社会主义的经济、政治、文化和社会建设，就不会有社会主义制度，更谈不上社会公平的实现。“没有共产党的领导，肯定会天下大乱，四分五裂。”① “没有党的领导也就不会有社会主义制度。”② “从根本上说，没有党的领导，就没有现代中国的一切。”③ 邓小平批判了资本主义的多党制，指出资本主义的多党制并不能保证广大劳动人民利益的实现，更不利于实现社会公平。“那种多党制是资产阶级相互倾轧的竞争状态所决定的，它们谁也不代表广大劳动人民的利益。”④ 中国共产党成立 90 多年来，领导全国各族人民取得了民族民主革命的胜利，成立了新中国，进行了社会主义改造，建立了社会主义制度，并领导全国人民开展社会主义建设，取得了前所未有的成就，社会公平的水平也不断提升。中国人民几十年的奋斗实践证明，坚持中国共产党的正确领导是我们取得一切进步的必要前提，也是不断推进社会公平的必要前提条件。

良好的制度是实现社会公平的保障。制度是对社会成员之间关系的规范性安排，其本质上反映的是社会成员之间的利益关系。制度具有根本性、全局性、稳定性和长期性的特征。制度引导人们的行为，协调各种社会利益关系，是实现社会公平的保障。1980 年，邓小平在接受意大利记者奥琳埃娜·法拉奇的采访时明确指出，制度上的缺陷是导致“文化大革命”事件的重要原因，“我们过去的一些制度，实际上受了封建主义影响，包括个人迷信、家长制或家长作风，甚至包括干部职务终身制”⑤。他还多次强调指出，组织制度和工作制度方面的问题是导致我们过去所犯的很多错误的重要原因。因此，避免类似事件的发生，就要建立健全各种民主制度和法律制度，“只有这样才能解决问题”⑥。邓小平认为：“制度好可以使坏人无法任意横行，制度不好可以使好人无法充分

---

① 《邓小平文选》（第 2 卷），人民出版社 1994 年版，第 391 页。
② 《邓小平文选》（第 2 卷），人民出版社 1994 年版，第 391 页。
③ 《邓小平文选》（第 2 卷），人民出版社 1994 年版，第 266 页。
④ 《邓小平文选》（第 2 卷），人民出版社 1994 年版，第 267 页。
⑤ 《邓小平文选》（第 2 卷），人民出版社 1994 年版，第 348 页。
⑥ 《邓小平文选》（第 2 卷），人民出版社 1994 年版，第 333 页。

做好事，甚至会走向反面。”① “领导制度、组织制度问题更带有根本性、全局性、稳定性和长期性。”② 只有建立健全各项制度，才能真正理顺社会利益关系，充分发扬社会主义民主，让广大人民群众享有充分的权力和权利，从而使社会成员之间的利益矛盾得到妥善解决，推动社会公平正义。

他特别强调法制对社会公平的重要保障。“使民主制度化、法律化”③，能有效保证广大人民享有民主权利，这些权利不是随意的，而是由法律和制度保障的。“宪法和党章规定的公民权利、党员权利、党委委员的权利，必须坚决保障，任何人不得侵犯。”④ 这表明邓小平对社会主义宪法和法律在民主政治生活中的保障作用的重视。

他还特别强调社会主义制度比其他制度更能保障社会公平的实现。他说，我们之所以把社会主义作为我们的奋斗目标，是因为在社会主义所提供的条件下，生产力能够得到更快的发展，是“因为只有社会主义才能消除资本主义和其他剥削制度所必然产生的种种贪婪、腐败和不公正现象”⑤。“社会主义制度总比弱肉强食、损人利己的资本主义制度好得多。”⑥

邓小平从经济、政治和社会方面提出了一系列保障社会公平实现的制度。在经济制度方面，生产资料公有制、按劳分配制度和税收制度是实现社会公平的重要保障。第一，生产资料公有制是社会公平的根本保障。邓小平认为，公有制经济占主体地位，这是防止两极分化，实现社会公平的根本保障。在改革开放初期，邓小平就多次强调公有制的主体地位。他认为，作为社会主义国家，有两点是至关重要的，“一是以公有制为主体，二是不搞两极分化”⑦。我们的社会主义改革的过程中，一直

---

① 《邓小平文选》（第2卷），人民出版社1994年版，第333页。
② 《邓小平文选》（第2卷），人民出版社1994年版，第333页。
③ 《邓小平文选》（第2卷），人民出版社1994年版，第146页。
④ 《邓小平文选》（第2卷），人民出版社1994年版，第144页。
⑤ 《邓小平文选》（第3卷），人民出版社1993年版，第143页。
⑥ 《邓小平文选》（第2卷），人民出版社1994年版，第337页。
⑦ 《邓小平文选》（第3卷），人民出版社1993年版，第138页。

都坚持公有制经济的主体地位，“又注意不导致两极分化，……这就是坚持社会主义”①。公有制经济占主体地位，是实现社会公平的根本保障。“只要我国经济中公有制占主体地位，就可以避免两极分化。”② 社会主义公有制条件下，生产资料归社会所有，这就从根本上排除少数人凭借对生产资料的占有而无偿占有其他劳动者的劳动成果的可能，消除人与人之间的剥削关系，是对社会公平的重要保障。第二，按劳分配制度也是保障社会公平实现的重要制度。在改革开放之前的很长一段时间，中国长期实行计划经济体制，与这一体制相适应，在分配上实行近似平均主义式的分配方式。这种分配方式特别强调分配结果的大致均等，社会成员之间在占有财富上的差别不大或大致平均。这种分配方式未能很好地承认各个社会成员的能力的差异，未能很好地承认各个社会成员的努力程度和贡献的差别，未能很好地把社会成员的能力和贡献同所分配到的劳动成果挂钩，严重挫伤、压制了社会成员劳动的积极性和创造性，导致中国社会长期缺乏应有的效率，缺乏应有的活力，给社会主义建设造成了负面影响。邓小平明确批判了这种平均主义的分配方式。他说，如果还继续过去平均主义的分配方式，社会成员之间的劳动差别不能得到很好地体现，那么，广大人民群众的积极性和创造性“永远调动不起来”③，只能导致“共同落后，共同贫穷”④。如果不具体计算每位社会成员的劳动量和社会成员之间技术和能力的差别，而发一样的工资，貌似公平，“但实际上是不符合按劳分配原则的”⑤，这样做“一段时间可以，长时期不行”⑥。他主张用马克思主义的按劳分配代替过去的平均主义分配方式，实现个人劳动效能和劳动报酬直接挂钩。如果一个人为国家和集体创造的物质财富和精神财富比较多，那么他本人所获得的回报也应

① 《邓小平文选》（第 3 卷），人民出版社 1993 年版，第 139 页。
② 《邓小平文选》（第 3 卷），人民出版社 1993 年版，第 149 页。
③ 《邓小平文选》（第 3 卷），人民出版社 1993 年版，第 157 页。
④ 《邓小平文选》（第 3 卷），人民出版社 1993 年版，第 155 页。
⑤ 《邓小平文选》（第 2 卷），人民出版社 1994 年版，第 30—31 页。
⑥ 《邓小平文选》（第 2 卷），人民出版社 1994 年版，第 146 页。

该比其他人多一些，“集体福利就应该搞得好一些”①。他还对“什么是按劳分配”作了具体论述，指出“只能是按劳，不能是按政，也不能是按资格”②，“我们提倡按劳分配”③。第三，税收制度也对社会公平具有一定的保障。他提出，可以通过对过高收入者征个人所得税，调节社会成员之间的收入差距，保障社会公平的实现。例如，“征收所得税”④，还可以对那些发展快一些的地区征收“调节税”⑤，缩小地区之间、社会成员之间的差距，保障社会公平。

在政治制度方面，科学合理完善的领导制度、组织制度和工作制度对实现社会公平具有重要的保障作用。压制民主、滥用权力、不负责任、不守信用、徇私行贿、贪赃枉法等官僚主义行为，严重阻碍了社会公平的实现。“我们的各级领导机关，都管了很多不该管、管不好、管不了的事”⑥，没有一定的规章制度，这是官僚主义产生的“总病根”。要解决这一问题，就要从制度上着手，建立、改革和完善各项制度，包括人民代表大会制度、民主集中制、集体领导和个人分工负责相结合的制度、干部选举、招考、任免、考核、弹劾、轮换和退休制度等等。

在社会制度方面，社会保障制度是实现社会公平的重要保障。通过社会保险、社会救济等制度对失业、生活困难和鳏寡孤独等社会成员提供必要的物质帮助，使得这部分人和其他社会成员共享社会发展的劳动成果，不断推进社会公平的实现。随着改革开放进程的不断推进，政府加强了经济、政治、教育、科技、医疗卫生、社会保障等方面制度建设，为经济的发展、政治的进步、教育和科技水平的提高、社会保障的完善提供了有力的制度保障，也为实现社会公平提供了保障。实践证明，邓小平的这一思想在实践中是有效的。

---

① 《邓小平文选》(第2卷)，人民出版社1994年版，第146页。

② 《邓小平文选》(第2卷)，人民出版社1994年版，第101页。

③ 《邓小平文选》(第2卷)，人民出版社1994年版，第258页。

④ 《邓小平文选》(第3卷)，人民出版社1993年版，第111页。

⑤ 中共中央文献研究室编：《邓小平思想年谱（1975—1997)》，中央文献出版社1998年版，第450页。

⑥ 《邓小平文选》(第2卷)，人民出版社1994年版，第328页。

在社会公平的制度保障方面，马克思恩格斯重点论述了生产资料公有制对社会公平的保障，但对于经济、政治、文化、社会方面的具体制度对社会公平的保障论述较少。邓小平在继承毛泽东对社会公平制度保障理论和实践建构的基础上，从中国的实际情况出发，从经济、政治、文化和社会方面比较全面地、详细地提出了保障社会公平的各项制度，是对马克思恩格斯社会公平理论的丰富和发展。

（五）对社会公平实现途径的新设想

邓小平主张通过一定的调剂手段来推动社会公平。第一，倡导区域之间的互帮互助。他提出让那些先发展起来的沿海省份帮助后发展起来的中西部省份，例如做“技术转让”①。第二，鼓励民间的公益事业。他认为应该鼓励那些先富裕起来的人主动“拿出钱来办教育、修路”②。第三，通过先富的示范效应带动后富。如果有一些人通过自己的努力过上了幸福的生活，那么这部分人就会具有一定的影响力，“就必然产生极大的示范力量”③，影响他身边的人不断努力，过上富裕的生活。这样一来，如果有很多这样富裕的人带动，全体社会成员就会逐步实现共同富裕，社会公平就会逐步提升。第四，通过国家的投入，提高人民生活水平，特别是帮助困难地区，推动社会公平。他提出，国家应该主动“改善人民生活，提高人民文化水平”④。对于一些困难地区，政府应给予全方位的援助，“特别要从物质上给以有力的支持”⑤。

通过一系列社会政策，可以有效地推动社会公平。改革开放之初，国家对就业进行改革，鼓励打破“铁饭碗”和人才流动，主张尊重个人和单位进行“双向选择”。1983 年，国务院颁发的《国务院关于科技人员合理流动的若干规定》提出，对用非所学、用非所长的科技人员，可以按照合理的流向进行调整；所在单位不愿解决或不能解决的，可以由

① 《邓小平文选》（第 3 卷），人民出版社 1993 年版，第 364 页。
② 《邓小平文选》（第 3 卷），人民出版社 1993 年版，第 111 页。
③ 《邓小平文选》（第 2 卷），人民出版社 1994 年版，第 152 页。
④ 《邓小平文选》（第 3 卷），人民出版社 1993 年版，第 123 页。
⑤ 《邓小平文选》（第 2 卷），人民出版社 1994 年版，第 152 页。

上级主管部门调整。这一举措彻底打破了过去人才归属于某一单位的计划模式，推动了人才的合理化流动，从而使人才有机会获得与其专业和能力更匹配的工作和待遇，使人才获得更好的发展空间。

马克思恩格斯曾经也主张通过社会的调剂实现社会公平，邓小平对马克思恩格斯社会公平实现途径思想的发展表现在，针对中国具体的实际，提出了一些符合中国社会主义初级阶段的有中国特色的实现途径。

三、江泽民对马克思恩格斯社会公平理论的发展

1989 年，中国共产党第十三届中央委员会第四次全体会议以后，江泽民同志领导全党进行社会主义建设。以江泽民同志为核心的党的第三代领导集体创立了“三个代表”重要思想，高度重视社会公平，提出要把社会公平问题作为建设中国特色社会主义的重大战略问题加以解决。江泽民同志从分析和批判社会上存在的分配不公、机会不公、执法不公、地区差距扩大等社会不公现象入手，对社会公平问题作了深入的思考，提出了一系列新观点、新论断、新思想，并把它体现在推行的一系列方针政策之中。

（一）社会公平的目标：实现最广大人民的根本利益

江泽民认为，在社会主义阶段，社会公平的目标是实现最广大人民的根本利益。以江泽民同志为核心党的第三代领导集体提出“三个代表”重要思想，这一思想的出发点和落脚点是实现中国最大多数人的根本利益。他把最广大人民的根本利益提到“高于一切”的高度，他说：“我们党始终坚持人民的利益高于一切。”① 党的所有政策措施和各项工作，要以满足最广大人民的根本利益为宗旨，而且还要照顾到处于社会不同收入阶层的社会成员的利益，“应认真考虑和兼顾不同阶层、不同方面群众的利益”②，妥善处理好各种利益关系。对于关系到广大人民群众

① 《江泽民文选》（第 3 卷），人民出版社 2006 年版，第 280 页。
② 《江泽民文选》（第 3 卷），人民出版社 2006 年版，第 279—280 页。

诸如经济、政治、文化生活及社会地位方面的具体利益，江泽民强调，党的方针政策，都必须从广大人民群众的利益和意愿出发，凡涉及广大人民群众切身利益的政策性问题，都必须十分审慎。

针对部分干部的官僚作风导致广大人民群众的根本利益维护不力的现象，江泽民同志予以强烈批判。他强调，全心全意为人民谋利益，要体现在行动中，“把我们党的根本宗旨落实到各项工作中，落实到广大人民群众身上”①。而且，要维护好最广大人民的根本利益，“把他们的积极性引导好、保护好、发挥好”②。可见，以最广大人民的根本利益为出发点，把最广大人民的根本利益放在至高无上的位置，通过合理调整各阶层、各方面的利益关系，维护好广大人民群众的政治、经济和文化利益，让广大人民群众公平合理地分享经济社会发展的成果，这也就是维护社会公平的过程。因此，从这个意义上来说，江泽民把社会主义阶段社会公平的目标确定为实现最广大人民的根本利益。

马克思恩格斯把社会公平的目标确定为共产主义社会。江泽民从利益角度，把中国社会主义阶段社会公平的目标确定为最广大人民的根本利益，抓住了中国社会主义建设过程中面临的社会矛盾的新特点，是对社会公平目标更为具体的确定，丰富和发展了马克思恩格斯社会公平理论。

（二）社会公平的基础：生产力的发展

在以江泽民同志为核心的党的第三代领导集体的领导下，中国共产党提出科教兴国、可持续发展、西部大开发等重大发展战略，不断提升经济发展质量，缩小贫富差距和地区差距，探索出了一条经济与社会健康发展的道路。

江泽民认为生产力的发展和经济发展是社会公平的基础。早在 1989 年，江泽民在《认真消除社会分配不公现象》一文中，运用历史唯物主

---

① 《江泽民文选》（第 2 卷），人民出版社 2006 年版，第 365—366 页。

② 江泽民：《论有中国特色社会主义》（专题摘编），中央文献出版社 2002 年版，第 111 页。

义方法论，在深刻总结中国社会主义现代化建设历史经验教训的基础上，提出要在促进效率提高的前提下体现社会公平。1992 年，中国共产党第十四次全国代表大会形成了建设有中国特色社会主义的理论。1993 年，中国共产党第十四届中央委员会第三次全体会议勾画了中国社会主义市场经济的基本框架。1998 年，中国共产党第十五届中央委员会第三次全体会议强调必须长期稳定以家庭承包经营为基础、统分结合的双层经营体制。1999 年，中国共产党第十五届中央委员会第四次全体会议提出建立产权清晰、权责明确、政企分开、管理科学的现代企业制度。2002 年，中国共产党第十六次全国代表大会（下文简称“中共十六大”）把“三个代表”重要思想确立为党的指导思想，提出了全面建设小康社会，加快推进社会主义现代化的新战略。始终代表先进生产力的发展要求，是“三个代表”重要思想的有机组成部分。生产力的发展是一个不断发展的过程，随着生产力的发展，旧的生产力形态会逐渐退出历史舞台，新的生产力形态会不断取代旧的生产力形态登上历史舞台。“三个代表”中的始终代表生产力的发展要求，就是要始终代表生产力的发展方向，代表先进的生产力，始终站在先进生产力的前列，紧紧把握时代的脉搏，走在时代的前列，领导全国人民不断推进经济社会建设，迈向小康社会。江泽民要求，我们党的全体同志，应注重坚持和总结自己所从事的工作，“看看是不是符合先进生产力的发展需求”①，如果是符合的，需要继续坚持；如果是不符合的，要虚心改正。

之所以说生产力的发展是社会公平的基础，有以下几个方面的原因：第一，从生产对分配的决定作用来说，生产力的发展和经济效益的提高，决定了分配的状况，能为社会公平创造物质基础。“应当看到，生产决定分配，只有通过改革大幅度提高劳动生产率和经济效益，才能使分配制度和政策充分发挥积极作用，才能为根本上解决平均主义和收入差距过大问题创造物质基础。”② 第二，从改革、发展和稳定三者的关系角度来

① 中共中央宣传部：《“三个代表”重要思想学习纲要》，学习出版社 2003 年版，第 34 页。

② 《江泽民文选》（第 1 卷），人民出版社 2006 年版，第 52—53 页。

说，生产力的发展能够增加社会财富，使社会成员的物质文化生活水平得到提升，在此基础上才会有稳定的社会局面和社会公平的提高。江泽民对发展的重要作用作了阐述。他说，要解决中国目前面对的各种各样的问题，不能靠主观的空想，要靠切实的发展，要不断地发展，提高人民的生活水平，保持社会的繁荣稳定和健康发展“都离不开发展”①。第三，从提高人民生活水平的角度来说，生产力发展能提高人民群众的生活水平，在此基础上社会公平才能不断推进。江泽民提出“发展是党执政兴国的第一要务”的论断，把提高人民生活水平放在重要地位。“在发展经济的基础上，……不断改善人们的吃、穿、住、行、用的条件。”② 江泽民还强调，不断提高人民的生活水平，这是我们全部工作的根本出发点，是我们党一切工作的根本出发点和归宿点，是我们党全心全意为人民服务宗旨和“三个代表”要求的最终体现，发展经济的根本目的是提高全国人民的生活水平和质量。第四，经济发展是生产力发展的重要体现，帮助贫困地区的经济发展，解决贫困地区群众的温饱问题，是社会公平的基础。1994 年，国务院印发《国家八七扶贫攻坚计划》，江泽民在谈到为什么中央要下决心完成这一扶贫计划时指出，如果不解决贫困问题，进一步拉大地区差距，整个现代化进程要受影响，也会阻碍社会公平的进程。“如果不能基本消除贫困现象，进一步拉大地区发展差距，就会影响全国小康目标的实现，影响整个社会主义现代化建设的进程。”③ 要对那些贫困地区进行必要的帮助，使他们能和其他社会成员共同分享整个社会的财富，共同过上幸福的生活，“是贯穿社会主义初级阶段全过程的历史任务”④。只有帮助贫困地区经济发展，让贫困地区的人民更好地分享经济发展的成果，走共同富裕道路，在此基础上，社会公平不断向更好水平推进。

马克思恩格斯社会公平理论把生产力的发展作为社会公平的基础，

---

① 《江泽民文选》（第 1 卷），人民出版社 2006 年版，第 461 页。
② 《江泽民文选》（第 3 卷），人民出版社 2006 年版，第 294 页。
③ 《江泽民文选》（第 1 卷），人民出版社 2006 年版，第 549 页。
④ 《江泽民文选》（第 3 卷），人民出版社 2006 年版，第 249—250 页。

江泽民在继承马克思恩格斯这一思想的基础上，从中国的实际情况出发，提出的关于科教兴国、地区均衡发展的思想是对马克思恩格斯社会公平理论的发展。

（三）社会公平制度保障：制度创新和制度建设

江泽民非常重视制度对保障社会公平的重要作用。“要着重加强制度建设，实现社会主义民主政治的制度化、规范化和程序化。”① 江泽民还提出通过制度创新来保障社会成员之间的合理利益关系。要鼓励理论创新，鼓励和促进制度创新，永不自满，永不懈怠，“这是我们要长期坚持的治党治国之道”②。通过制度创新，提供解决社会成员之间利益矛盾的制度保障，这是江泽民对社会公平理论的成功探索。江泽民还具体论述经济、政治、社会领域社会公平的制度保障。

第一，在经济制度方面，生产资料公有制是社会公平的根本保障。首先，生产资料公有制保证了生产、流通和分配有计划地合理发展，为推动社会公平提供经济保障。他说：“以生产资料公有制为基础的社会主义生产关系，能够从根本上克服资本主义生产方式中生产资料私人占有同生产社会化的基本矛盾，保证生产、流通、分配置于社会的自觉调节和控制下，实现经济有计划按比例地合理发展和社会成员共同富裕。动摇了生产资料公有制，就动摇了社会主义的经济基础，必将损害全体人民的根本利益，也就谈不上社会主义了。”③ 其次，公有制经济占主体地位，能保证广大人民群众共同走上富裕的道路。“只有确保公有制经济的主体地位，才能防止两极分化，实现共同富裕。”④ “只有坚持以公有制为主体、多种经济成分共同发展的方针，才能充分调动社会各方面的积极性，使我们的经济建设和社会各项事业协调发展，才能体现效益原则、实现社会公平、促进共同富裕，才能保持社会稳定，也才能成功地建设

---

① 《江泽民文选》（第3卷），人民出版社2006年版，第554页。
② 《江泽民文选》（第3卷），人民出版社2006年版，第537—538页。
③ 《江泽民文选》（第1卷），人民出版社2006年版，第153页。
④ 《江泽民文选》（第1卷），人民出版社2006年版，第468页。

有中国特色的社会主义。”①

合理完善的收入分配制度是社会公平的重要保障。早在1989年，针对中国改革开放之初出现的分配不公，江泽民在《求是》杂志上发表《认真消除社会分配不公现象》一文，他认为中国出现的分配不公主要表现为平均主义和收入差距悬殊两种。平均主义要求平均分享一切社会财富，它否认以劳动作为分配的根本尺度，否认劳动者在劳动复杂程度、熟练程度、强度、技能和成果等方面的差别，抹杀劳动报酬上的任何差别。“平均主义反对拉开差距，这是分配不公的一种表现。”② 平均主义不是社会公平，而是社会不公，它严重挫伤劳动者的生产积极性，影响劳动生产力，不利于生产要素的合理配置和社会生产力的提高。收入差距悬殊是指居民之间收入差距过大，超过了合理的限度，严重危及社会公平。江泽民进一步分析了中国产生这两种分配不公的原因，指出收入分配制度的不完善是导致社会不公的重要原因。他认为，通过分配制度改革可以促进社会公平。首先，深化分配制度改革，理顺分配关系的总原则是，“坚持按劳分配为主体、多种分配方式并存，体现效率优先、兼顾公平；要确立生产要素按贡献参与分配的原则，以满足社会各方面的利益要求；在收入分配中，要把国家、企业、个人三者的利益结合起来，妥善处理社会各个阶层、各种利益群体的分配关系，防止出现两极分化，有利于避免和化解社会矛盾，为改革开放和经济发展创造良好的环境”③。其次，针对双重体制条件下的收入分配的不同情况，完善收入分配制度的关键是要充分运用多种调节手段。具体来讲，一是在国家基本能够直接控制收入分配的范围内（如国营企业、机关事业单位的收入分配等），要实施在宏观控制下的分层管理，着重克服平均主义。在进行初次分配时，在每个企业内部而言，应该把每个员工的劳动所得和整个企业的收益联系起来、结合起来，把劳动者的所得和他对企业贡献的劳动

---

① 《江泽民文选》（第1卷），人民出版社2006年版，第445页。

② 《江泽民文选》（第1卷），人民出版社2006年版，第48页。

③ 中共中央文献研究室编：《十六大以来重要文献选编》（上卷），中央文献出版社2005年版，第21页。

结合起来。在再分配中，要进一步贯彻按劳分配原则，对于政府部门和事业单位工作人员的工资过低的问题要给予解决，同时要提升企业在市场中的机会公平，推进公平竞争。要处理好企业和职工的分配关系、国家和企业的分配关系、脑力劳动和体力劳动的分配关系，以及采取经济、行政等调节手段和加强思想政治工作的关系。二是在国家难以直接控制收入分配的范围内（包括其他经济成分的收入分配、某些经济活动的收入分配等），必须强化政府的权威和功能，通过法律、行政、经济等手段进行管理和调节。从中不难看出，江泽民认为，解决分配不公，就要完善收入分配制度、法律制度、行政制度等，为社会公平提供保障。

第二，在政治制度方面，法制是社会公平的重要保障。江泽民认为依法治国是国家长治久安的重要保障。他把依法治国作为党领导人民治理国家的基本方略，使法律成为中国社会生活的重要保障。之所以说依法治国是社会公平的重要保障，原因如下：首先，保证每个人在法律面前平等，能为社会公平提供保障。依法治国，坚持法律面前人人平等，就要保证在制定和执行法律的过程中，不能区别对待，要公平对待每一位公民，保证每位公民享有同等权利，任何组织和个人都不允许有超越宪法和法律的特权。这能有效防止个别组织和个人依靠凌驾于广大公民之上的特权谋取私利，有助于保障社会公平。其次，依法治国，有效惩治腐败，可以消除权力腐败导致的社会不公，维护社会公平。腐败现象是社会不公的重要表现。少数党政干部运用手中的权力，为自己谋取私利，严重危害了社会公平。对此，江泽民同志认为，腐败行为已经引起人民群众的强烈不满，他提出要加强干部的监督，保证他们正确运用手中的权力，防止其滥用职权，严惩执法犯法、贪赃枉法。集中精力，坚决惩治腐败，坚决及时查处贪污受贿、敲诈勒索等各种以权谋私，将权力转化为金钱的违法行为。对任何腐败分子都必须彻底查处、严惩不贷，这昭示着中国共产党维护社会公平的决心，这是由中国共产党的性质所决定的。“我们党是中国工人阶级的先锋队，是全心全意为人民服务。”① 要建立责任追究制，对玩忽

① 《江泽民文选》（第3卷），人民出版社2006年版，第184页。

职守和执法不严者予以严惩。再次，依法治国，建立健全对权力的监督制约机制，可以保证权力公正地行使，可以保证权力为人民谋利益从而保障社会公平。

第三，在社会制度方面，社会保障制度是社会公平的重要保障。社会保障工作“关系到维护人民群众的切身利益”[①]。社会保障制度能有效保障广大人民群众在就业、养老、医疗等方面的切身利益，是实现、发展和维护最广大人民根本利益的保障，从而也是社会公平的重要保障。江泽民重视对企业下岗职工的生活的保障，维护下岗职工的利益。随着中国经济体制的改革的推进，不可避免地造成企业富余人员的分流和破产企业职工的下岗。江泽民强调，要确保“三条保障线”[②]，认真做好那些下岗职工和“遇到困难的离退休人员的生活保障”[③]。另外，他还强调对弱势群体的保护，有效维护弱势群体的利益，推动社会公平。对弱势群体的关心、保护、帮助和扶持“不是要拉平强势群体和弱势群体，而是要通过二次分配，把强势群体和弱势群体的差距调整到合理的范围”[④]，这是社会公平的重要体现。残疾人是社会弱势群体的一部分。残疾人问题是关系到充分实现生产力的解放的问题，必须始终重视，不容忽视。江泽民主张保护残疾人的合法权利。他说：“对残疾人这个社会脆弱的群体给予帮助，是社会文明进步的标志。”[⑤] 我们是社会主义国家，实现全体人民的富裕、幸福是我们国家的根本目的。从这个意义上来说，我们更应该尊重残疾人的各项权利和人格尊严，保护他们的各项权益不受侵害。他还强调，应该通过发展残疾人事业，更好地实现残疾人的各项权利，使他们有平等的社会地位和均等的机会参与社会主义建设，和其他社会成员一起分享社会主义建设的成果。

---

① 《江泽民文选》（第 1 卷），人民出版社 2006 年版，第 441 页。

② 《江泽民文选》（第 3 卷），人民出版社 2006 年版，第 509 页。

③ 江泽民：《论有中国特色社会主义》（专题摘编），中央文献出版社 2002 年版，第 85 页。

④ 郑杭生、李迎生：《社会分化、弱势群体与政策选择》，中国网 2003 年 1 月 20 日。

⑤ 《江泽民文选》（第 2 卷），人民出版社 2006 年版，第 648 页。

（四）重视通过社会政策调节推进社会公平

随着改革开放的逐步推进，社会的转型，利益结构的多元化，社会不公问题日益凸显。江泽民同志从多方面探索推进社会公平的路径，他主张通过实施各项社会政策维护和实现社会公平。改革开放以来，由于过多重视经济政策对社会发展的作用，在一定程度上忽视了社会政策对维护和实现社会公平的重大作用，造成社会政策的供给和社会需求之间的失衡，导致与广大人民群众切身利益相关的权利和利益未能得到很好的维护，造成了一系列社会不公。这是新时代新形势下中国共产党必须面对和解决的课题。江泽民同志深刻认识到社会政策对维护和促进社会公平的重要作用，主张通过一系列社会政策推进社会公平。

针对贫富差距过大这一社会不公，江泽民指出，要在促进经济社会发展的基础上，实现共同富裕，促进社会公平。他说："坚持允许和鼓励一部分地区一部分人先富起来，最终实现共同富裕的政策。"① 江泽民主张通过税收政策等调节贫富差距过大。第一，要通过税收政策调节过高收入。如通过个人所得税的调整和完善，让高收入者多缴一些税。第二，要通过法律等手段取缔非法收入。对于个别经营者谋取暴利的违法行为，要依法坚决取缔。对于侵吞国家资产和通过偷税漏税、权钱交易等非法手段谋取利益的，要"坚决依法严惩"②。第三，要通过行政等手段整顿不合理收入。对于凭借行业垄断和某些特殊条件获得额外收入的，要进行严厉整顿。

对于就业难引发的社会不公，江泽民主张政府通过各种政策，增加资金投入，拓宽就业门路，促进就业，推进社会公平。首先，对国有企业下岗职工实施再就业政策。随着国有企业改革的深入推进，部分国有企业职工失去了工作岗位。江泽民要求党和政府要采取积极措施，依靠社会各方面的力量，关心和安排好下岗职工的生活，搞好职业培训，拓宽就业门路，帮助国有企业下岗职工实现再就业。其次，要实行公平的

---

① 《江泽民文选》（第1卷），人民出版社2006年版，第470页。

② 《江泽民文选》（第1卷），人民出版社2006年版，第55页。

就业政策，使劳动者在竞争中获得大致均等的就业机会。要不断完善就业体系，“打开思路，广辟门路，努力建立全方位、多渠道、多领域的再就业体系”①。再次，实行再就业援助政策，各级政府要切实制定再就业政策，对那些困难群众的再就业提供各种支持，例如提供资金方面的支持，提供各项优惠政策。要有针对性地开展面向下岗失业人员的职业介绍和职业指导，对下岗失业人员实行的职业再介绍和再就业培训等服务都要免费。

针对地区差距导致的社会不公，江泽民主张运用各项政策引导区域经济社会协调发展，缩小地区差距，推进社会公平。2000 年，在以江泽民同志为核心的党的第三代领导集体的领导下，中国正式实施西部大开发战略。这一战略有利于推动中西部地区的发展，缩小东部地区和中西部地区之间的差距，促进地区经济协调发展。江泽民强调，要通过财政转移支付政策，逐步加大对西部地区的支持力度。要通过政策引导，吸引国内外资金、技术、人才等资源到中西部，推动中西部地区的快速发展。

针对城乡差距，江泽民主张通过政策解决三农问题，发展农业，缩小城乡差距。他说：“在农村开展任何一项工作，实行任何一项政策，都必须首先考虑，是有利于调动还是会挫伤农民的积极性，是维护还是会损害农民的物质利益和民主权利，是解放和发展还是会阻碍农村生产力。这是我们制定农村政策必须坚持的基本准则，检验政策是否正确的根本标准。”② 第一，通过扶贫政策，推动农村贫困地区的发展。《国家八七扶贫攻坚计划》提出，从 1994—2000 年，集中人力、物力，财力，动员社会各界力量，力争用 7 年左右的时间，基本解决当时全国农村 8000 万贫困人口的温饱问题。“这一计划是我国历史上第一个有明确目标、明确对象、明确措施和明确期限的扶贫开发行动纲领。”③ 1996 年，江泽民

① 中共中央文献研究室编：《十五大以来重要文献选编》（上卷），人民出版社 2000 年版，第 364 页。

② 中共中央文献研究室编：《十五大以来重要文献选编》（上卷），人民出版社 2000 年版，第 527 页。

③ 《中国共产党的社会公正观研究》，人民出版社 2009 年版，第 170 页。

同志在中央扶贫开发会议上的讲话中要求，各级党政机关要充分发挥自己的职能作用，帮助贫困地区搞好开发和建设。发达地区对口支援贫困地区，是动员全社会力量扶贫的重要举措。党中央、国务院确定，京、津、沪3个直辖市，沿海6个经济比较发达的省，4个计划单列市，分别对口帮扶西部10个省区。鼓励民主党派、社会团体、科研单位、大专院校、人民解放军、武警部队及社会其他各界积极开展多种形式的扶贫帮困活动，如希望工程、智力支边、文化扶贫等。第二，通过就业政策、产业政策推动农村发展。江泽民说："提高我国的现代化水平，解决农民就业和增收问题，必须调整农村的就业结构和产业结构，走工业化、城市化的路子，把农村人口尽可能多地转移出来，逐步解决我国二元经济社会结构问题。"① 第三，通过粮食收购保护政策保护农民的利益。1993年开始实行的粮食收购保护价格制度，保护了农民的利益，得到农民的拥护。第四，通过各项惠农政策，使农民增收减负。江泽民提出要从调整优化结构、增加农业投入、扩大以工代赈、促进农产品流通等方面采取综合措施，开辟农民增收的新途径新领域。同时，要积极稳妥地推进农村税费改革，实行规范化、法制化管理，从根本上减轻农民负担。

四、胡锦涛对马克思恩格斯社会公平理论的发展

中共十六大以来，胡锦涛同志带领全国人民进行社会主义建设，针对中国当今面临的的世界形势、改革开放的阶段性特点以及面临的现实社会公平问题，坚持解放思想、实事求是，与时俱进，在继承马克思主义经典作家和毛泽东、邓小平、江泽民社会公平思想的基础上，从现实国情出发，纵观全局，创造性地运用马克思主义的立场、观点和方法，提出了一系列关于社会公平的新观点、新论断和新思想，极大地丰富和发展了马克思恩格斯社会公平理论。

---

① 《江泽民文选》(第3卷)，人民出版社2006年版，第407页。

（一）对社会公平重要地位的新论述

针对新时期的新矛盾和新问题，以胡锦涛同志为总书记的党中央提出了科学发展观、构建社会主义和谐社会等战略思想，高度重视社会公平问题。具体来讲，胡锦涛同志对社会公平重要地位的新论断主要有以下几个方面：

第一，社会公平是科学发展观的重要目标。① 以人为本是科学发展观的核心。以人为本，就要“从人民群众的根本利益出发谋发展、促发展，不断满足人民群众日益增长的物质文化需要，切实保障人民群众的经济、政治和文化权益，让发展的成果惠及全体人民”②。可见，坚持“以人为本”就是要为人民的利益着想，坚持发展为了人民，发展依靠人民，发展成果为人民共享，走共同富裕道路。这就要求在发展生产力的基础上，以社会公平为价值取向，妥善处理好人民群众之间的利益关系，保证绝大多数社会成员受益，让每个社会成员得到自己应当得到的利益，不断推动社会公平向更高层次发展。

第二，社会公平是社会主义制度的本质要求。2005 年，胡锦涛把社会公平正义和社会主义制度的本质要求联系起来，提出“维护和实现社会公平正义是社会主义制度的本质要求”的论断。他说：“维护和实现社会公平和正义，……也是我国社会主义制度的本质要求。”③

第三，社会公平是社会主义和谐社会的基本特征，是构建社会主义和谐社会的基本条件。中国共产党第十六届中央委员会第四次全体会议提出构建社会主义和谐社会。对于什么是社会主义和谐社会，胡锦涛同志指出，社会主义和谐社会是“民主法制、公平正义、诚信友爱、充满

---

① 赵继伦：《论科学发展观的社会公正诉求》，《东北师大学报》（哲学社会科学版）2009 年第 2 期，第 40 页。

② 胡锦涛：《在中央人口资源环境工作座谈会上的讲话》，《人民日报》2004 年 3 月 10 日。

③ 胡锦涛：《在省级主要领导干部提高构建社会主义和谐社会能力专题研讨班上的讲话》，《人民日报》2005 年 6 月 27 日。

活力、安定有序、人与自然和谐相处的社会”①。这是胡锦涛同志对社会主义和谐社会下的一个科学定义，这个重大判断全面揭示了社会主义和谐社会的基本特征，其中社会公平正义是社会主义和谐社会的重要特征。只有保持社会公平，才可能使社会各个群体和各个社会成员之间的利益得到平等对待和保护，社会和谐才可能实现。如果缺失社会公平，社会各个群体和各个社会成员的利益受到不公平对待，难免产生不满和怨恨，这些不满和怨恨积累到一定程度就会借机爆发，从而威胁和破坏社会和谐。因此，没有社会公平就没有社会主义和谐社会，同样，社会主义和谐社会一定是公平正义的社会。在此基础上，2006 年，中国共产党第十六届中央委员会第六次全体会议（下文简称“中共十六届六中全会”）提出“社会公平正义是社会和谐的基本条件”的新论断。

第四，社会公平正义是社会主义和谐社会的基本目标。社会主义和谐社会是人类所追求的一种美好的社会理想，社会主义和谐社会不是消灭了矛盾的社会，而是使矛盾处于一种可控的状态。也就是说，在社会公平的前提下，社会各个群体和各个社会成员之间的利益得到合理的调节，形成一种相互认同、互惠互利、平等和谐的关系。由此可见，只有保证社会公平，社会和谐才能成为现实。也就是说，社会公平不但是社会和谐条件，而且是社会和谐的目标。

第五，社会公平正义是中国特色社会主义的重大任务。胡锦涛在中国共产党第十七次全国代表大会（下文简称“中共十七大”）的报告中指出：“实现社会公平正义是中国共产党人的一贯主张，是发展中国特色社会主义的重大任务。”② 在这里，胡锦涛把实现社会公平正义作为中国特色社会主义的重大任务，从发展中国特色社会主义角度确定了社会公平正义的重要地位。

在马克思恩格斯社会公平理论中，关于社会公平地位的论述是比较

---

① 胡锦涛：《在省级主要领导干部提高构建社会主义和谐社会能力专题研讨班上的讲话》，《人民日报》2005 年 6 月 27 日。

② 《十七大以来重要文献选编》（上卷），中央文献出版社 2009 年版，第 13 页。

少的。

胡锦涛从“社会公平”与“科学发展观”“社会主义制度”“社会主义和谐社会”“中国特色社会主义”的关系角度论述了社会公平的重要地位，这是对社会公平重要地位更加详细具体的新阐述，是对马克思恩格斯社会公平理论的重大发展。

（二）对社会公平主要内容的新确定

以胡锦涛同志为总书记的党中央把社会公平的主要内容确定为“权利公平、机会公平、规则公平、分配公平”。2005 年，胡锦涛指出：“……依法逐步建立以权利公平、机会公平、规则公平、分配公平为主要内容的社会公平保障体系，……使全体人民朝着共同富裕的方向稳步前进。”① 在这里，胡锦涛把“权利公平、机会公平、规则公平、分配公平”确定为社会公平的主要内容。权利公平就是不论社会成员所属阶层、家庭背景、种族、性别及经济状况如何，都能平等享有各项公民权利，社会切实尊重和保障每个社会成员在政治、经济、文化和社会方面的权益。机会公平是指社会成员平等地获得政治参与、投资创业、资源利用、接受教育、劳动就业、获得信息、参加文化活动等方面的机会。规则公平不但指社会规则本身的公平，而且指社会成员在参与社会活动过程中，在规则面前人人平等。分配公平体现着社会财富分配的合理性，既要避免不合理的社会财富分配的差距悬殊和两极分化，又要坚持按劳分配，那些劳动能力强、技术水平高的劳动者应该得到更多的物质和精神回报，合理拉开社会成员之间的收入差距。只有这样，才能妥善处理社会成员之间的利益关系，从而实现真正的分配公平。

马克思恩格斯在论述社会公平时，并没有明确确定社会公平的主要内容。胡锦涛针对中国所处的社会主义初级阶段的历史特点，把社会公平的主要内容确定为权利公平、机会公平、规则公平、分配公平四个方面，这四个公平不但揭示了社会公平的内涵，而且把握住了社会公平的

① 中共中央文献研究室编：《十六大以来重要文献选编》（中卷），中央文献出版社 2006 年版，第 712 页。

重点，是对马克思恩格斯社会公平理论的重大发展。

（三）对“公平和效率关系”的新把握

胡锦涛高度重视“公平和效率的关系”，他指出，实现社会公平正义是中国特色社会主义的内在要求，处理好效率和公平的关系是中国特色社会主义的重大课题。他在中共十七大报告中，在总结中国近30年改革开放“十个结合”的宝贵经验时，“把提高效率同促进社会公平结合起来”作为“十个结合”之一，可见这一关系的重要地位。胡锦涛深刻认识和把握了生产力发展与社会公平之间的内在关系。“要通过发展保障社会公平正义”[①]，“没有生产力的持久大发展，就不可能最终实现社会主义本质所要求的社会公平与正义；不随着生产力的发展而相应地逐步推进社会公平与正义，……也就不可能持久地实现生产力的大发展”[②]。因此，要“把效率和公平结合起来”，“讲求效率才能增添活力，注重公平才能促进和谐，坚持效率和公平有机结合才能更好体现社会主义的本质”[③]。“我们既高度重视通过提高效率来促进发展，又高度重视在经济发展的基础上通过实现社会公平来促进社会和谐。”[④]

马克思恩格斯从人类社会发展的角度详细论述了经济基础和上层建筑的关系，但是就具体社会中“公平与效率”的关系如何，马克思恩格斯并没有明确论述。胡锦涛在继承马克思主义关于“经济基础与上层建筑关系”的基本原理的基础上，详细阐述了“公平和效率”的辩证关系，并提出要把“公平和效率结合起来”的新主张，而且践行了这一主张，这是对马克思恩格斯社会公平理论的重大发展。

---

① 中共中央文献研究室编：《十七大以来重要文献选编》（上），中央文献出版社2009年版，第13页。

② 中共中央文献研究室编：《十六大以来重要文献选编》（下），中央文献出版社2008年版，第906页。

③ 中共中央文献研究室编：《十七大以来重要文献选编》（上），中央文献出版社2009年版，第803—804页。

④ 中共中央文献研究室编：《十七大以来重要文献选编》（中），中央文献出版社2009年版，第103页。

（四）提出“教育公平是社会公平的基础”的新论断

胡锦涛高度重视教育公平，他指出：“教育公平是社会公平的重要基础。”① “坚持教育的公益性和普惠性，……是促进社会公平的重要基础性任务。”② 这些论断明确了教育公平的基础地位。在此基础上，胡锦涛提出促进教育公平的关键、基本要求、重点、根本措施。“教育公平的关键是机会公平，基本要求是保障公民依法享有受教育的权利，重点是促进义务教育均衡发展和扶持困难群众，根本措施是合理配置教育资源。要着力促进公共教育资源配置公平，加强薄弱环节和关键领域，加快缩小城乡、区域教育发展差距。”③ 胡锦涛还提出了促进教育公平的其他措施。如推进教育均衡、加大教育投入等。“优化教育结构，促进义务教育均衡发展……坚持教育公益性质，加大财政对教育投入，规范教育收费，扶持贫困地区、民族地区教育，健全学生资助制度，保障经济困难家庭、进城务工人员子女平等接受义务教育。”④

中共十六大以来，在以胡锦涛同志为总书记的党中央的领导下，教育公平得到切实推进。《国家中长期教育改革和发展规划纲要（2010—2020 年）》确定的战略目标中明确提出，到 2020 年，形成惠及全民的公平教育。《中共中央关于制定国民经济和社会发展第十二个五年规划的建议》也提出要促进教育公平，合理配置公共教育资源，重点向农村、边远贫困、民族地区倾斜，加快缩小教育差距。党和政府切实把提升教育公平作为制定各项教育政策的出发点，把实现教育公平放在重要地位，把促进教育公平作为国家的基本教育政策，认真解决我国现阶段面临的

---

① 中共中央文献研究室编：《十七大以来重要文献选编》（中），中央文献出版社 2009 年版，第 29 页。

② 胡锦涛：《在全国教育工作会议上的讲话》，人民出版社 2010 年版，第 18 页。

③ 中共中央文献研究室编：《十七大以来重要文献选编》（中），中央文献出版社 2011 年版，第 362 页。

④ 中共中央文献研究室编：《十七大以来重要文献选编》（上），中央文献出版社 2009 年版，第 29 页。

关系人民群众切身利益的教育热点和难点问题，努力保障广大人民享受到良好的教育机会，努力使教育惠及广大人民群众，缩小城乡之间、地区之间教育的差距，推行素质教育，努力办好让人民群众满意的教育，从而为推进社会公平奠定坚实基础。

马克思恩格斯社会公平理论把生产力的发展作为社会公平的基础，马克思恩格斯虽然重视教育公平，但并没有明确地把教育公平看做社会公平的基础。胡锦涛提出“教育公平是社会公平的基础”的新论断，进一步拓宽了社会公平的基础的内容，而且把教育公平提高到关系社会公平基础的地位，并在实践中推行教育公平，这是对马克思恩格斯社会公平理论的重大发展。

（五）对保障社会公平制度建设的新构想

制度是社会公平的根本保障。“制度更带有根本性、全局性、稳定性和长期性。完善的体制机制和制度体系，是促进社会和谐、实现社会公平正义的重要保证。”① 要从中国的基本国情出发，既要立足当前，又要着眼长远，突出从制度创新上解决社会公平问题，加紧完成对保障社会公平具有重要作用的六项制度建设任务，包括完善民主权利保障制度、法律制度、司法体制机制、公共财政制度、收入分配制度和社会保障制度。

完善民主权利保障制度，巩固人民当家做主的政治地位。中共十六届六中全会把完善公民权利保障制度作为社会公平正义制度建设的第一重点。在中共十七大报告中，胡锦涛提出把“扩大社会主义民主，更好地保障人民权益和社会公平正义”作为实现全面建设小康社会奋斗目标的五大新要求之一。

完善法律制度，夯实社会和谐的法治基础。法制是社会公平的重要保障。在中共十七大报告中，胡锦涛强调，在推进依法治国进程中，必须在全社会树立法治精神，弘扬现代法制精神所倡导的共同价值，在推进社会主义民主政治制度化、规范化、程序化的同时，“完善中国特色社

① 《十六大以来重要文献选编》（下），中央文献出版社2008年版，第677页。

会主义法律体系”①。只有努力建立起完善的法律制度体系，社会成员才能有法可依，社会成员之间的利益分配才有科学合理的规则秩序，从而保障社会公平的实现。另外，国家法律法规的制定、法治实施的各个环节都应该将实现社会公正作为终极目标，贯彻和体现公平正义的导向与价值。

完善司法体制机制，加强社会和谐的司法保障。司法公正是社会公正的重要保障，维护社会公平正义，是司法改革的价值取向。要建设公正、高效、权威的社会主义司法制度，为维护人民群众合法权益、维护社会公平正义、维护国家长治久安提供坚强可靠的司法保障。从完善司法机构设置和职权配置、规范司法行为、完善诉讼程序、强化司法民主和法律监督方面加快司法制度建设。

完善公共财政制度，逐步实现基本公共服务均等化。公共财政制度为政府提供财力支持，可以通过改革公共财政制度，指导政府的行为。因此要建立健全公共财政制度，综合运用多种手段，合理调整居民之间的收入差距，推进社会公平。胡锦涛提出：“深化财税体制改革的主要方向，是调节国民收入分配格局，推进经济发展和社会进步，促进社会公平正义。……健全公共财政制度，推进基本公共服务均等化，着力支持解决重点民生问题。”②

完善收入分配制度，规范收入分配秩序。收入分配问题直接关系到社会成员的经济利益，直接关系到社会公平的程度。合理的收入分配制度是社会公平的重要保障。胡锦涛提出：“初次分配和再分配都要处理好效率和公平的关系，再分配更加注重公平。”③ 胡锦涛把我党对保障社会公平的分配制度建设的认识从“注重再分配领域的制度建设”转变到“注重初次分配和再分配领域的制度建设”，标志着我们党对社会公平制度保障的认识不断深化。

---

① 中共中央文献研究室编：《十七大以来重要文献选编》（上），中央文献出版社 2009 年版，第 24 页。

② 中共中央文献研究室编：《十七大以来重要文献选编》（上），中央文献出版社 2009 年版，第 716 页。

③ 中共中央文献研究室编：《十七大以来重要文献选编》（上），中央文献出版社 2009 年版，第 30 页。

完善社会保障制度，保障群众基本生活。中共十六大以来，以胡锦涛同志为总书记的党中央领导集体，从科学发展观、构建社会主义和谐社会的战略高度出发，非常重视社会保障制度的完善。胡锦涛强调，社会保障是社会安定的重要保证，如果没有社会保障为社会成员的生活提供保障，势必会导致各种社会矛盾，从而社会秩序就会受到影响。因此，要逐步建立覆盖城乡居民的社会保障体系。胡锦涛明确提出社会保障的基础、重点和补充。他说："要以社会保险、社会救助、社会福利为基础，以基本养老、基本医疗、最低生活保障制度为重点，以慈善事业、商业保险为补充，加快完善社会保障体系。"①

马克思恩格斯对社会公平的制度保障只作过宏观的论述，胡锦涛在继承马克思恩格斯社会公平理论的基础上，针对中国具体国情，提出了一系列保障社会公平正义的重大制度建设。这些制度涵盖了政治、经济、文化、社会领域，不但明确了中国制度建设向更广、更深领域拓展的方向，而且把握住了社会公平制度保障的重点和着力点，更为中国社会主义初级阶段保障社会公平的制度建设提供了思路。胡锦涛的这一思想是对马克思恩格斯社会公平理论的创新性发展。

（六）对社会公平实现途径的新拓展

针对发展不平衡这一问题，统筹兼顾是推进社会公平的重要途径。随着中国改革开放和现代化建设的推进，发展不平衡的问题日益严重，社会利益主体日趋分化，利益关系也渐趋复杂，社会成员之间利益关系不均衡日益加剧。针对中国经济社会发展面临的这些突出矛盾和问题，胡锦涛通观全局，提出了"统筹兼顾"的思想。这一思想是中国社会主义现代化建设的重要指导方针，是对中国现代化建设规律的认识，也是对推动社会公平规律的认识和深化。在中国共产党第十六届中央委员会第三次全体会议上，胡锦涛提出"五个统筹"思想。统筹城乡发展，能缓解协调城乡经济发展不平衡，推进社会主义新农村经济建设，增加农

① 中共中央文献研究室编：《十七大以来重要文献选编》（上），中央文献出版社 2009 年版，第 30 页。

民收入，缩小农村居民和城市居民的收入差距，推进城乡居民之间利益关系的均衡和协调，从而推动社会公平。统筹区域发展，实施西部大开发，能改变中国东部和西部发展不平衡的现状，纠正过去不公正的发展待遇和发展战略，提高西部地区居民的生活水平，缩小东西部地区居民的收入差距，平衡东西部居民的利益关系，从而推动社会公平的进一步提升。统筹经济社会发展，能改变过去重经济发展轻社会发展的思维。不但要重视经济发展，而且要重视政治权利的保障、社会法制的健全、社会结构的合理、社会利益关系的和谐、社会保障的完善、社会状态的和谐，这样社会公平就能向更好层次推进。统筹国内发展和对外开放，能改变中国经济发展过分依赖对外贸易这一问题，加大力度发展国内经济，维护经济发展的平衡和安全。统筹人与自然发展，能改变中国过去偏重国内生产总值（GDP）增长而忽视生态环境的保护的局面。在促进经济发展的同时，要注重环境的保护和资源的合理利用，让我们的后代能享有这些资源和环境，从而推动代际公平。不难看出，“五个统筹”可以兼顾各方面利益，可以协调城乡之间、区域之间社会成员之间的利益关系，推动各方面利益关系走向均衡。

针对就业机会不公平问题，平等的就业机制和积极的就业政策是推动就业机会公平的途径。其一，健全城乡劳动者公平就业机制。逐步实行城乡平等的就业制度。统筹城乡就业，改革城乡分割的就业管理体制，建立城乡统一、平等竞争的劳动力市场，逐步形成市场促进农村富余劳动力转移就业的机制，为城乡劳动者提供平等的就业机会和服务。其二，要健全规范和协调劳动关系的机制。要发展和谐社会的劳动关系，保障劳动者的合法权益。《中华人民共和国劳动合同法》对劳动关系三方会议机制作了详细的规定。这一机制的建立健全有助于消除劳动关系紧张、促进劳资关系和谐，有助于推进就业领域的公平。其三，政府应实行积极的就业政策。“要坚持实施积极的就业政策，加强政府引导，完善市场就业机制，扩大就业规模，改善就业结构。”[①] 不断完善自主创业、自谋

① 中共中央文献研究室编：《十七大以来重要文献选编》（上），中央文献出版社 2009 年版，第 29 页。

职业政策，让更多的劳动者享受到良好的创业机会和政策。建立健全对劳动者的培训机制，加强农村富余劳动力转移就业培训，提升劳动者的就业能力。

推进基本公共服务的均等化是推进社会公平的重要途径。针对地区差距和城乡差距，实现基本公共服务的均等化是缩小地区发展差距和城乡发展差距、推进社会公平的重要途径。城乡之间的差距不仅反映在经济发展水平和居民收入方面，更反映在政府提供的公共服务方面。推进公共服务均等化，使每个公民不分城乡、不分地区地有权利和机会享受到基本公共服务。“建立健全公平公正、惠及全民、水平适度、可持续发展的公共服务体系，推进基本公共服务均等化，促进经济社会协调发展。”①

通过加强对公民意识教育，建设社会主义先进文化，推进社会公平。应当重视对公民进行意识方面的教育，帮助公民树立正确的公平正义观念。公民意识是公民的独立人格意识、权力监督意识、民主法制意识、权利义务意识和公平正义价值理念等的总和。意识是行动的先导。通过对公民意识教育，使全体社会成员树立正确的权力监督意识、民主法制意识、权利义务意识和公平正义意识，有助于实现公民对权力的监督，有助于公民正确看待和处理社会群体之间和社会成员之间的利益关系，从而推动社会公平的提升。另外，通过社会主义先进文化建设，也能推进社会公平正义。胡锦涛指出，我们能否建设成为社会主义和谐社会，我们的国家能否保持安定团结的政治局面，“很大程度上取决于全体社会成员的思想道德素质。没有共同的理想信念，没有良好的道德规范，是无法实现社会和谐的”②。在这里，胡锦涛指出了加强先进文化建设在构建社会主义和谐社会的过程中所发挥的重要作用。先进文化是健康的、科学的文化，是代表社会的发展方向和推动社会进步的文化，是引导历

---

① 中共中央文献研究室编：《十七大以来重要文献选编》（中），中央文献出版社 2011 年版，第 281 页。

② 中共中央文献研究室编：《十七大以来重要文献选编》（中），中央文献出版社 2006 年版，第 710 页。

史发展潮流和时代精神的文化，是对解放和发展生产力，推动物质文明建设的文化。先进文化是人类文明的结晶，为社会的进步提供精神力量和智力支持。通过加强文化建设，使公平正义内化为人们的理想信念和价值准则，使社会形成追求公平正义的文化氛围，形成全社会对公平正义的价值认同，能极大地推动社会公平的提升。通过加强文化建设，提高人们的思想道德素质，广大人民群众遵循道德规范，通过自己的努力追求合法合理的利益，也就减少了践踏他人利益、唯利是图的不公行为，从而推进社会公平。

马克思恩格斯重视从阶级斗争角度探索实现社会公平的途径。在和平与发展成为时代主题的背景下，在推进中国特色社会主义伟大事业的进程中，胡锦涛在深刻把握时代特征和中国所处历史发展阶段的基础上，主张通过统筹兼顾、社会政策、基本公共服务均等化、意识教育和社会主义先进文化建设推进社会公平，从多个方面推进中国现阶段社会公平，大大拓展了社会公平的实现途径，是对马克思恩格斯社会公平理论的丰富和发展。

本章小结

本章总结归纳了毛泽东、邓小平、江泽民和胡锦涛对马克思恩格斯社会公平理论的发展。毛泽东坚持了马克思恩格斯社会公平理论，并结合中国的实际情况加以发挥，主要包括：解放和发展生产力为社会公平奠定坚实的物质基础，对社会公平制度保障的理论和实践上的新构建，在统筹发展中推进社会公平，加强对干部、群众进行思想政治等方面的教育是推进社会公平的重要途径，弘扬社会主义精神和共产主义精神推进社会公平。邓小平明确了社会公平是社会主义建设的中心课题，制定了社会公平的目标是共同富裕，大力发展生产力，为实现社会公平奠定了基础，坚持共产党的领导，加强制度建设为社会公平提供保障，综合运用社会调剂、社会政策等推进社会公平。江泽民把社会公平的目标确定为实现最广大人民的根本利益，主张大力发展生产力奠定社会公平的基础，健全各项制度保障社会公平，重视通过社会政策调节推进社会公平。胡锦涛明确了社会公平的重要地位，确定了社会公平的主要内容是“权利公平、机会公平、规则公平、分配公平”，主张正确处理生产力发展与实现社会公平之间的关系，提出“教育公平是社会公平的基础”的新论断，提出着力建设对保障社会公平具有重大作用的六大制度，通过统筹兼顾、社会政策、基本公共服务均等化、意识教育和社会主义先进文化建设等途径推进社会公平。

第五章 马克思恩格斯社会公平理论及其发展的启示

马克思恩格斯社会公平理论及其发展为解决中国现阶段面临的社会公平问题提供了诸多有益启示。就中国而言，在现阶段，推动社会公平是摆在我们面前的一个重大课题，是一项艰巨而复杂的系统工程，涉及方方面面，需要各方面的共同努力。本书认为，以下几个方面是应该特别重视的。

一、高度重视社会公平，把社会公平上升到战略层面予以重视

毫无疑问，中国现阶段经济、政治、文化、社会领域的社会不公问题是严重的。

在经济领域，收入差距过大已经是不争的事实。根据世界银行的报告，从2000年起，中国基尼系数已经超过0.4，并呈现逐年上升趋势；到2007年，中国基尼系数已经达到0.47，这表明中国居民收入差距已经非常大。第一，在城乡居民收入差距方面。中国国家统计局的统计数据显示，1978年、1985年、1990年、1998年、2002年、2006年，中国城镇居民人均可支配收入分别是农村居民人均收入的2.58倍、1.86倍、

2.2 倍、2.52 倍、3.1 倍、3.28 倍，2007 年和2009 年达到3.33 倍。[①] 为了全面考察中国东、中、西部各个省份的城乡差别，本书从中国东、中、西部省份中分别抽取一个省份为例，东部省份中抽取广东省、中部省份中抽取河南省、西部省份中抽取青海省。2016 年，广东省城镇居民人均可支配收入是37684.3 元，农村居民人均纯收入是14512.2 元[②]；河南省城镇居民人均可支配收入是 27233 元，农村居民人均纯收入是 11697 元[③]；青海省城镇居民人均可支配收入是26757 元，农村居民人均纯收入是8664 元[④]。通过简单计算可知，广东省、河南省和青海省城镇居民人均可支配收入与农村居民人均纯收入的比值分别是：2.60∶1、2.33∶1、3.09∶1。可见，这些省份的城镇居民人均可支配收入是农村居民人均纯收入的接近甚至超过 3 倍。第二，在地区之间居民收入差距方面。以2016 年为例，在全国 31 个省（市）中，最富裕的两个省份是东部的浙江省和江苏省，浙江省城镇居民人均可支配收入是47237 元[⑤]，江苏省城镇居民人均可支配收入是40152 元[⑥]，而最贫穷的青海省，其城镇居民人均可支配收入是26757 元。浙江省城镇居民人均可支配收入是青海省的1.77 倍，江苏省城镇居民人均可支配收入是青海省的1.5 倍。可见，中国现阶段地区之间居民收入差距还是非常大的。第三，在阶层之间居民

---

① 中华人民共和国国家统计局：《中国统计年鉴 2010》，中国统计出版社 2010 年版，第342 页。

② 《2016 年广东国民经济和社会发展统计公报》，广东统计信息网，http://www.gdstats.gov.cn/tjzl/tjgb/201703/t20170308_358320.html，2017 年3 月6 日。

③ 《2016 年河南省国民经济和社会发展统计公报》，河南省统计局，http://www.ha.stats.gov.cn/sitesources/hntj/page_pc/tjfw/zxfb/article1c436c26b024460eb08177a6a1c6f7cd.html，2017 年3 月1 日。

④ 《2016 年青海省国民经济和社会发展统计公报》，青海统计信息网，http://www.qhtjj.gov.cn/tjData/yearBulletin/201702/t20170228_46913.html，2017 年2 月28 日。

⑤ 《2016 年浙江省国民经济和社会发展统计公报》，浙江省人民政府，http://www.zj.gov.cn/art/2017/2/24/art_5497_2219112.html，2017 年2 月24 日。

⑥ 《2016 年江苏省国民经济和社会发展统计公报》，江苏省统计局，http://www.jssb.gov.cn/tjxxgk/xwyfb/tjxwfb/201704/t20170426_304039.html，2017 年2 月27 日。

收入差距方面。根据世界银行的统计，“如果用国家贫困线的标准来衡量，1998 年中国地域收入贫困线的人口比例为 4.6%”①。和其他发展中国家相比，这一比例还算小。但是，如果用国际贫困线来衡量，2005 年中国低于收入贫困线的人口比例为 8.17%。② 和其他发展中国家相比，这一比例还算是比较高的。富裕群体的收入占整个社会居民财富的比例较高。根据世界银行报告，2007 年，占中国总人口 20% 的最富裕人群占收入和消费的份额达到 51.9%，占总人口 20% 的最贫困人群占收入和消费的份额仅有 4.3%。③ 第四，在行业之间居民收入差距方面。2011 年 12 月，中国人力资源和社会保障部劳动工资研究所公布的相关报告显示，2010 年，平均工资最高的行业的工资是最低的行业的 4.2 倍。④ 而国际上公认的行业之间收入差距的合理水平在 3 倍左右，超过 3 倍则需要加以调控。

在政治领域，民主制度的不完善不健全、法律制度的缺失和司法体制的不完善导致的社会不公屡见不鲜。第一，在民主制度方面。民主制度的不健全导致人民当家做主的权利并没有很好地体现出来。首先，法律法规的制定中的民主不充分。中国进行的有中国特色社会主义的建设是政府主导下的建设，在这样的模式下，中国的法律法规和政策，基本上都是政府主导下由相关职能部门起草法案，经国务院审议后提交人大讨论通过，或者由政府直接颁布。这样的制定程序使民主未得到充分体现，人民的意志没有得到充分的表达，也就不可避免地导致政府意志绑架甚至践踏公共利益而为自己牟利，这是对社会公平正义的严重危害。据相关统计，“中国现行有效的宪法、法律总共 231 部。但在立法过程

① 世界银行：《2007 年世界发展指标》，中国财经出版社 2008 年版，第 60 页。

② 世界银行：《2010 年世界发展指标》，中国财经出版社 2010 年版，第 89 页。

③ 世界银行：《2007 年世界发展指标》，中国财经出版社 2008 年版，第 66—68 页。

④ 白天亮：《行业收入差距达 4.2∶1，既要反对平均主义，也要警惕贫富分化》，《人民日报》2011 年 12 月 2 日。

中，公开草案、向全社会征求意见的还不到10%"①。其次，企业制度中同样缺乏民主。特别是在国有企业的改革中，由于政治民主机制的不健全，作为重要利益攸关者的职工很少有参与权，作为所有者的公民监督不力，导致国有资产严重流失，加剧了社会不公。第二，在法律制度方面，由于法律制度的不健全，少量社会成员通过钻法律的空子谋取利益。在司法体制方面，不健全的司法体制滋生种种司法腐败，违法办案、"吃了原告吃被告"等现象屡见不鲜，这样的司法不公导致社会成员的合法权利和利益未能得到很好的保护。民主制度和法律制度的不完善导致的严重后果之一就是公权力的腐败，这是政治领域社会不公的重要表现。

在文化教育领域，教育不公非常突出。在城市，重点小学、重点中学与非重点小学、非重点中学在教学质量上有着巨大的差异，这就导致在不同学校就学的学生所享受到的教育质量有很大差别，导致教育不公。在高等教育方面，高考录取是依据各个省、市、自治区划定的分数线进行录取，这就导致了各个省、自治区之间学生的不公平竞争。在那些教育质量较高、教学资源丰富的省份，很多学生享受到比其他省份低得多的分数线，有更多的机会享受更高质量的教育资源。而在那些人口多、教育质量不高的省份，学生就面临着更加激烈和残酷的竞争。另外，教育资源分配的不均衡也是教育不公的重要表现。在那些经济相对发达的地区，由于地方政府有充足的财力支持教育，能够吸引到更多的优秀人才，教育资源会越来越丰富，教学质量会逐步提高。而那些经济相对落后的省份和地区，由于地方政府没有足够的财力投入教育，就不能吸引更多的优秀人才，甚至连留住人才都变得非常困难，教育水平很难提高，这就导致了不同地区之间的教育不公。

在社会领域，失业问题比较突出。就业对每个社会成员是非常重要的，社会成员只有获得一份工作，才能进入正常的社会生活环境，通过自己的劳动创造财富，为自己及后代的生存和发展提供保障。而大量的失业不但导致社会成员失去生活之所依，扩大贫富差距，加重社会不公，

---

① 董建萍：《公正视域中的中国特色社会主义——当代中国社会公正若干问题研究》，学林出版社2010年版，第208页。

而且会导致一定的社会问题。2011 年，时任人力资源和社会保障部部长的尹蔚民指出，在“十二五”期间，中国的劳动力供给将持续增加，到 2014 年，劳动年龄人口将达到最高峰，为 9.97 亿人。其中，中国城镇每年需要就业的劳动力在 2500 万人左右，但是综合考虑各种因素，国家每年只能提供 1200 万个就业机会，年度劳动力供求缺口高达 1300 万人左右。[①] 另外，社会保障的缺失和不公仍然存在。社会保障的行业分割问题突出。目前，中国政府机关、事业单位、企业单位分属不同的社会保障系统，这些单位的社会成员所享受到的社会保障有很大差别；对农民工等社会弱势群体的保障还不够；区域之间社会保障的差异明显，由于不同地区经济发展水平的不同，地方政府财力的差别，不同地区的社会成员享受到的社会保障的差异非常明显。

要解决中国现阶段面临的种种社会不公问题，需要国家给予充分的重视。在 20 世纪 90 年代初，“效率优先，兼顾公平”成为中国社会发展的指导理念。应当指出，这一提法是在中国当时特定的历史条件下的产物。当时的中国迫切需要摆脱平均主义，摆脱计划经济体制的束缚，大力发展生产力，人们热切地追求经济利益，经济增长成为头等大事，因此这一提法顺应了这一历史需求。从这个意义上来讲，这个提法具有一定的历史合理性，也对当时的经济和社会发展起到很大的促进作用。但是也应该看到，这一提法的缺陷非常明显。其中重要的一点是这一提法把“公平”放在“兼顾”的位置，没有充分重视公平的重要性。“效率优先，兼顾公平”的提法把经济放到了无以复加的重要地位，而公平只是放在“兼顾”的地位，这是对于经济和社会发展的肤浅而片面的理解。随着经济发展的进一步深入，社会分化也越来越明显，社会成员之间利益的冲突和矛盾也会加剧，社会公平问题就会凸显出来。仅仅把公平放在兼顾的地位，未能充分重视社会成员的权利和利益的保护，未能充分重视政治、文化、教育和社会领域的发展，这是一种片面的发展，是不持续的。社会发展不应仅仅关注经济的发展和效率的提高，还应该

---

① 尹蔚民：《继续把充分就业放在优先位置》，《人民日报》（海外版）2011 年 4 月 21 日。

重视社会财富为全体社会成员共享，实现共建共享。如果社会财富越来越集中在少数社会成员手中，大多数社会成员仍然贫穷，那么这样的经济发展就失去了最终的目的和意义。

社会公平是一个大问题，理应得到国家和社会的高度重视。这是因为社会公平问题关系到所有社会成员的权利和利益的合理分配，关系到社会发展能否持续有活力有动力，关系到能否实现整个社会的稳定发展。"一言以蔽之，社会公正是一个事关整个国家能够得到安全运行和健康发展的大问题。社会公正和经济发展是中国现代化建设不可缺少的两项基本内容。"[①] 要高度重视社会公平，把社会公平上升到战略层面予以重视，把社会公平放在突出位置，把社会公平作为国家发展的重大问题来抓，为推进社会公平创造有利条件。

二、大力发展生产力，为实现社会公平奠定坚实的物质基础

虽然新中国成立以来特别是改革开放以来，中国取得了经济建设的伟大成就，社会生产力和综合国力大幅度提升，解决了温饱问题，人民群众的生活水平大幅度提升。但是也应该清醒地看到，当前中国社会生产力的总体水平还不够发达，国民生产总值的人均占有量仍居世界落后之列，生产力的发展和人民群众日益增长的物质文化需求之间的矛盾仍然存在。需要特别指出的是，中国生产力发展的不平衡问题愈加突出，地区和行业差距大，影响生产力的持续健康发展，这在一定程度上阻碍了社会公平的进一步提升。

面对这一现实，只有深入推进改革开放，坚持不懈地大力发展社会生产力。当前，继续推进改革开放，大力发展生产力为社会公平奠定坚实的基础，需要注意以下几点。

第一，毫不动摇地坚持以经济建设为中心。经济建设是发展生产力的核心，要把经济发展作为我们工作的中心，坚持"一个中心，两个基

---

① 吴忠民：《社会公正论》（下卷），山东人民出版社 2012 年版，第 571—572 页。

本点”，集中精力全心全意搞经济建设，努力保持经济的持续健康发展，最大限度地为社会成员创造更多的物质财富和精神财富，不断提高广大人民群众的物质和文化生活水平，才能为推进社会公平奠定坚实的基础。

第二，要处理好公平和效率的关系。公平和效率不是非此即彼的关系，公平和效率是辩证统一的。公平和效率有矛盾的一面，在市场经济活动中，投入产出率决定效率的高低，为了提高效率，在竞争中处于有利地位，企业主必然希望减少投入量，其中重要的内容就是压缩企业劳动者的工资，这就必然损害到劳动者的利益，从而损害公平。公平和效率也有统一的一面，效率是公平的基础，有了经济效率，才有经济的发展和物质财富的增加，才能为公平的分配提供必要的物质基础。如果没有效率，没有经济发展所奠定的基础，公平分配就只是空中楼阁。公平对效率具有促进作用，公平的竞争可以促进企业的优胜劣汰，调节资源在市场中的有效配置，提高资源的利用效率，促进效率的提高。公平的分配有助于调动劳动者生产的积极性，有助于协调劳资双方的关系，维持企业生产秩序的稳定。而且公平的分配有助于劳动者收益的提高，提高社会的购买力，拉动需求，使企业生产的产品顺利实现价值，从而促进生产的进一步发展。如果公平问题解决不好，劳动者的权益受到损害，劳资关系紧张，不但会对企业的发展造成不利影响，而且会危及宏观经济的长远发展。要在充分认识和正确把握公平和效率辩证统一关系的基础上，妥善处理公平和效率二者的关系，应重视以下几个方面的工作。

首先，正确处理好竞争中的公平和效率的关系。公平竞争是市场经济的重要规则之一，公平竞争和效率的提高是统一的关系，解决好市场竞争中不公平竞争问题，不但能推进公平，而且能促进效率的提高。要进一步完善各项规范市场竞争的法律法规和相关制度，保护市场中的主体能有公平的机会参与竞争，在统一的规则下参与竞争，从而推动竞争的公平。

其次，注重处理好初次分配中的公平和效率的关系。在初次分配中，不公平的主要表现为劳动收入在市场分配中的份额过低、劳动者权益受到损害。处理好初次分配中的公平和效率的关系，既要重视效率又不能忽视公平。一方面，要注重效率，重视效率的提高，坚持不懈地推动经济的发展。另一方面，坚持在提高效率的基础上解决公平问题。建立健全权力约束机制，对权力进行有效监督，逐渐杜绝由于权力寻租导致的掌权者擅自谋取不正当利益的现象，消除权力异化，真正让权为民所用，让权力服务于广大人民群众的利益，维护社会公平。健全劳动者、工会和企业主三方共同参加的劳动关系协调机制，提升劳动者在劳动报酬方面的谈判能力，充分发挥工会的调节职能，维护劳动者的合法权益。加大保护国有资产的力度，完善保护国有资产的各项制度，制止国有资产流入私人腰包的严重不公现象，打击擅自出卖国有资产的不法行为，遏制由此导致的严重的社会不公。

再次，妥善处理好再分配中公平和效率的关系。改革户籍制度，解决农民工遭遇的不公待遇；建立健全社会保障制度，为困难群众提供基本的生活保障；推进政府公共服务体制改革，不断满足广大群众对公共服务的需求。加大政府的转移支付力度，减缓收入差距；通过税收制度，缩小收入差距。

第三，推进经济协调发展。要着力缩小地区经济发展差距，促进经济的协调发展，促进地区经济发展的平衡，让各个地区的社会成员能共同分享经济发展的成果，从而促进共同富裕，提升社会公平。要着力统筹城乡经济发展，不断建立健全城乡经济的联动机制，推动城乡经济的一体化，使城市和农村的社会成员都能从经济发展中获益，缩小城乡差距，推进社会公平的提升。

三、加强制度建设，为推进社会公平提供制度保障

中国现阶段制度建设中的缺陷是导致社会不公的重要原因。具体来讲，一是制度的缺位和滞后会导致社会不公。现阶段，中国“社会领域、政治领域以及文化领域当中的制度建设明显滞后”①。例如，在市场经济体制中，不公平竞争仍然大量存在，在某些行业、地区还比较严重，保障公平竞争的制度依然缺乏。中国垄断性行业如通讯、交通等，霸占了

① 吴忠民:《社会公正论》(下卷)，山东人民出版社2012年版，第566页。

所在行业的大部分甚至全部业务，导致市场缺乏竞争或公平竞争，造成封闭性的价格，垄断企业获得高额的垄断利润，造成严重的经济不公。再如，国有企业改革中国有资产的流失也是由于制度的缺失。由于相关的制度不健全，造成国有企业改革中普通职工的利益诉求得不到满足，国家监管不力，国有企业管理者的权力过大，使得部分国有资产流入私人的腰包，严重损害了国家、集体和企业职工个人的利益，扩大了贫富差距，造成严重的社会不公。二是一些不合理制度的出现加重社会不公。在中国现阶段，由于制度制定者的理念缺陷、受利益的驱动等原因，出现了一些明显不合理的制度，这些制度不可避免地进一步加重社会不公。例如，某些制度为保护少数特殊人群的利益而牺牲大多数人的利益，这样带有明显缺陷的不合理制度必然导致少数特殊人群获得不合理的利益，进而必定会造成一些群体无偿占有其他群体合理利益的情形，这将导致社会不公。三是制度的执行问题重重导致社会不公。有些“制度建设流于纸上谈兵”①，得不到有效的贯彻和落实，这导致有些社会成员的权利和利益不能得到有效的保障。

就具体的制度而言，现行的一些制度的不完善是造成社会不公的重要原因。

第一，现行收入分配制度的不完善阻碍了社会公平。改革开放以来，中国居民收入增长较快，但同时，居民收入差距呈现不断扩大趋势。这种差距出现在农村内部、城镇内部、城乡之间、地区之间和不同群体之间。收入差距的不断扩大必将阻碍社会公平的实现。初次分配和再分配中都存在的制度缺失和制度不公，是导致收入分配差距不断拉大的主要原因。在初次分配中，按劳分配的主体地位未充分体现。在再分配中，财政、税收和社会保障制度的不健全未能弥补初次分配的不公。这样，初次分配和再分配的制度缺陷导致收入分配差距不断拉大，而且已经成为社会关注的焦点问题。

第二，城乡二元体制的存在导致城乡差距悬殊和社会不公。中国长

---

① 刘少杰：《制度建设是构建和谐社会的根本途径》，《社会学研究》2007 年第 2 期，第 189—191 页。

期以来实行城乡二元经济社会结构和体制，在一定历史阶段这一体制曾经发挥了积极的作用，但随着中国经济社会的发展，这一体制越来越阻碍社会的发展和社会公平，具体表现在：首先，城乡分割市场体系，使农产品的市场无法扩大，严重损害了农民的利益。其次，城乡有别的户籍制度和劳动用工制度等一系列制度安排，导致城乡居民在就业、教育和医疗等方面待遇差别悬殊。再次，国家对城乡实行不同的投入机制，导致城乡发展不平衡，进一步加剧了城乡差距和社会不公。

第三，民主法制制度的不完善导致公民的合法权益得不到有效保障，造成社会成员之间利益分配的不公。随着经济和社会的发展，公民利益诉求的多样化和差异化也不断上升。但是由于民主法制的不完善，利益表达渠道的单一和制度的不健全，导致人民的合法的权利得不到保护，正当的利益得不到保障，群体性事件数量不断上升，规模不断扩大，对抗性越来越强。比如，在国有企业改制中，部分企业无视职工的民主权益，擅自将企业破产、出售、转让和兼并，甚至贱卖国有资产，部分高级管理者中饱私囊，职工的基本权益却得不到应有的保障，导致社会不公和大量群体性事件的爆发。在一些非公有制企业中，压低、拖欠和克扣工人工资，任意延长劳动时间的现象层出不穷，由于缺乏有效的利益诉求渠道，工人的利益受到侵害，导致生产资料所有者、企业经营者和管理者与工人收入差距越来越大，在一定程度上加剧了社会不公。

第四，社会保障制度的不健全加剧了城乡居民之间和不同部门居民之间利益分配的不公。中国目前的社会保障制度存在诸多问题，其中城乡分离和部门差别是阻碍社会公平实现的重要因素。国家将有限的财政投入到城市社会保障制度的建设中，建立了相对完善的社会保障制度，有力地保障了城市居民的利益。而政府在农村社会保障制度中的漏洞和缺陷，导致“因病致贫返贫”和“养老”等问题屡见不鲜。另外，在城市，把行政单位、事业单位和企业单位的社会保障项目区分开来，实行区别对待，导致不同单位的城市居民享受社会保障权利的不平等。社会保障制度中城乡分离和部门差别极大地阻碍了社会公平的实现。

制度是在社会生产活动中形成和发展起来的，是对人与人之间关系的规范性安排，其本质反映的是不同的人、集团和阶级之间的利益关系。

制度具有根本性、全局性、稳定性和长期性的特征。制度引导人们的行为，对社会进行有效的管理和控制，协调各种社会利益关系。制度对社会公平具有根本的保障作用。如果一个社会缺少合理、完善的制度，那么社会成员“就必然会面临一种不确定性的前景”①，社会风险、不稳定性就会增加，对整个的社会公平将产生不利影响。在一定的制度框架下，可以有效保障社会公平的实现。具体来讲，制度对社会公平实现的保障作用表现在以下几个方面：首先，宏观层次的基本制度为社会公平实现提供坚实基础。在中国，以生产资料公有制、按劳分配和人民代表大会制度为内容的社会主义制度确保了社会成员在生产资料占有、分配和政治权利方面的公平，为社会公平的实现奠定坚实基础。其次，中观层次的运行制度保证社会公平实现运行机制。充满活力的高效的社会运行机制，是保障社会公平实现的必然要求。再次，微观层次的具体制度为社会公平实现提供路径。具体制度是社会公平实现的现实途径，直接关系着社会公平的实现。

（一）把公平正义作为制度建设的发展目标

社会是由无数个利益不同的个体和群体构成的，彼此之间存在各种各样的利益冲突和矛盾。因此，有必要确定一定的社会规范、规章、准则和原则来协调各个利益主体之间的矛盾，合理分配权利和义务，于是制度就应运而生。历史发展表明，只有公平正义的社会规范、规章、准则和原则才能被广大社会成员所认可和遵从，才能有效、持久地协调社会成员的利益关系，从而维护社会秩序，推动经济社会协调有序地发展。所以，必须把公平正义作为制度建设的首要价值目标。在制度设计中，把维护社会公平作为制度设计的首要目标；在制度运行过程中，把维护社会公平正义作为解决制度运行障碍的原则和出发点；在对制度的监督过程中，着眼于社会公平这一全局，加强对制度的监督，保障制度运行的实效。

---

① 吴忠民：《走向公正的中国社会》，山东人民出版社 2008 年版，第 34 页。

（二）健全各项制度，推进权利公平、机会公平、规则公平和分配公平

“权利公平”是指社会成员平等地享有各种参与社会活动的权利，是社会公平的逻辑起点和实践起点。“机会公平”是指参与经济社会活动的每个社会成员平等地享有活动空间和活动内容，主要表现为平等的参与机会和发展机会，是社会公平的前提和基础。“规则公平”是指执政者和政府能以社会的整体利益和长远发展为出发点，制定合理的政策、制度、法律和法规，一视同仁地对待各个阶层和社会成员的利益，并且各成员在规则面前一律平等，接受相同的约束和制约，违反规则者将受到相应的惩罚。规则公平是社会公平的表现形式和必要保证。“分配公平”是指每个劳动者都有获得正当利益和社会保障的权利，是社会公平的实际体现和理想目标。

权利公平、机会公平、规则公平和分配公平是社会公平的主要内容，关系到社会公平的提升。建立健全各项制度，推进社会成员之间的权利公平、机会公平、规则公平和分配公平，可以从以下几个方面做起。第一，完善各种权利保障制度，保证起点公平。保障各个社会成员在经济、政治、文化和社会等各方面的权利。第二，创造公平制度环境，保证机会公平。创造有利条件，保障劳动者就业环境的公平；改革教育体制，保证每个人有公平的受教育机会；改善市场环境，保证每个经济主体有公平的机会参加投资创业和从事其他经济活动。第三，不断健全各项政策、制度、法律和法规，保证规则公平。优化政策体系，确保社会成果惠及全体社会成员；强化各项制度的协调和优化，有效规范社会秩序；完善法律制度，提高社会建设和管理水平。第四，合理调整收入分配制度，保证分配公平。完善劳动、知识、技能和管理参与分配的制度，权衡资本和劳动参与收入分配的比例；加强宏观调控，规范收入分配结构，促进公平和效率的协调发展。

（三）构建保障社会公平的制度体系

制度作为一个有机的系统，由宏观的基本制度、中观的运行制度和

微观的具体制度构成。每个层次的制度所规范的内容不同，在保障社会公平实现中发挥的作用也不同，任何一个层次制度的缺失或不完善，必将影响整个制度体系保障社会公平实现的效果。因此，加强制度建设，必须着眼于制度体系这一全局，运用整体的视角，不断完善制度建设的系统工程。

第一，在基本制度的建设方面，继续坚持和完善生产资料公有制、按劳分配和人民民主专政的社会主义国家制度。首先，生产资料公有制是实现社会公平的根本制度保障。社会主义公有制条件下，生产资料归社会所有，这就从根本上排除了少数人凭借对生产资料的占有而无偿占有其他劳动者的劳动成果，消除了人与人之间的剥削关系，是对社会公平的根本保障。改革开放 30 多年的实践也证明，和资本主义私有制相比，社会主义公有制具有巨大的优越性，不但有利于集中力量办大事，促进经济又好又快地发展，而且有利于保证人民当家做主，共同创造和分享社会财富，是推进社会公平的制度保障。其次，要继续探索和完善按劳分配的实现机制，注重提高劳动收入在国民收入中的比重。再次，要不断完善社会主义民主制度、法律制度；有力推行党政关系规范化、坚持和完善政党制度；不断促进党群关系的和谐和提高公民的政治参与能力。

第二，在运行制度的建设方面，一是要打破城乡二元经济社会体制，建立城乡统一的社会体制，促进城乡经济社会发展一体化。要建立城乡统一、开放的市场机制，确保社会资源的自由和充分流动；要建立有效的公共投入机制，促进城乡在基础设施建设、公共服务等方面的协调和均衡；要建立和完善促进城乡产业发展一体化的机制，“促进城乡各产业有机联系，协调发展”①。二是建立适应中国国情的利益协调机制，形成统筹兼顾的利益格局。要建立和完善利益诉求表达机制，保证不同社会群体利益诉求渠道的充分、广泛和畅通；要建立有效的利益协商机制，保证利益各方处理利益关系上共同参与和协商；要建立利益保障机制，

---

① 张丽：《建立促进城乡经济社会一体化制度》，《理论前沿》2009 年第 3 期，第 42—43 页。

确保社会成员基本权利的实现；要建立利益调节机制，提高低收入者的收入，扩大中等收入者的比例，调节高收入者的收入，形成有利于社会协调和稳定发展的收入分配格局；要建立利益补偿机制，确保相关群体的正当利益。三是不断完善社会管理体制，提高社会管理水平。规范政府各部门的职能分工，确保政府社会管理的有序和协调；推进以社区为重点的基层组织建设，发挥基层组织在保障社会公平实现中的作用；大力扶持第三部门的发展，充分发挥第三部门在维护不同群体利益和保障社会公平实现中的中介作用。

第三，在具体制度的建设方面，首先，完善行政管理制度，发挥政府在保障社会公平实现中的重要作用。不断革新行政决策制度，推动行政决策的科学化、民主化和规范化；建立官员财产公示制度，深化政府信息公开，加强舆论对权力的监督，推进"阳光行政"，不断完善权力监督制度；深入推进"预期性指标"和"约束性指标"分离的政绩考评体系，不断创新科学的政绩考核制度，引导政府合理配置公共资源，保障社会公平的实现。其次，不断完善市场体系的制度建设，保障市场主体的权利。破除行业和部门垄断，确保各市场主体公平竞争；健全统一的市场规则，保证各市场主体享受同等权利；健全法律制度，严格执法，保障各市场主体的合法利益，维护市场秩序。再次，打破社会保障制度的"多轨制"，建立"统一制"，保障群众的基本生活和社会公平的实现。逐步建立和完善城乡统一的社会保障体系，切实保障城乡居民的基本生活；消除企业单位、事业单位、政府部门人员在享受社会保障方面的部门差别，建立统一面向企业单位、事业单位、政府部门的社会保障制度；建立农村养老保险制度，保证农村居民老有所养。

四、提升公民社会公平意识，培育追求公平正义的社会氛围

目前中国正处于经济转轨、社会转型的重要阶段，在这个阶段，社会成员之间的利益关系发生了巨大变化，虽然社会公平已经日益引起公民的关注和重视，但是很多公民对社会公平的认识还不够理性和全面；部分公民仍然固守在传统计划经济体制下的思维模式，认为个人所遭受

的不公待遇只有依靠政府和单位来解决，普遍缺乏依靠团结起来的社会力量来谋求公正的意识；部分公民的意识中还残留着很多封建的特权思想；还有部分公民认为应该用西方资产阶级的公平正义理论来指导中国公平正义问题的解决。这在一定程度上导致了很多社会不公，即使自己的权益受到侵犯，也默默承受，而不是主动寻求社会公平；对很多特权现象无动于衷，不能批判地看待这些社会不公现象。

一个社会中，公民的社会公平意识对推进社会公平的作用是巨大的。推进社会公平是一个系统工程，其中人是重要的动力，人的观念更是对社会公平具有重要影响。因此，加强对公民进行社会公平意识教育是非常重要的，可以从以下几个方面努力。

第一，澄清公民关于社会公平的错误认识，引导公民树立正确的社会公平观。历史条件、阶级立场、公民个人意识等因素的不同决定了公民持有不同的社会公平观，这就不可避免地导致部分公民对社会公平问题有一些错误认识。比如，在长期的封建思想影响下形成的封建特权思想和宗法思想、受资产阶级自由主义影响的公平正义唯心论等。要在马克思主义指导下，大力批判这些形形色色的虚假的公平观，澄清公民关于社会公平的认识，大力弘扬社会主义公平正义观，倡导社会初级阶段应实现的权利公平、机会公平、规则公平和分配公平，引导公民逐步克服错误认识，树立正确的社会公平观。

第二，通过各种途径，加强对公民进行社会公平意识教育，提高公民关于社会公平的认识。要通过家庭教育、党内学习、媒体宣传、学校教育等各种途径对公民进行社会公平方面的意识教育、法律法规等社会制度规则方面的教育、党纪政纪方面的教育、社会道德伦理方面的教育，使社会成员不断摒弃自己的错误认识，树立正确认识，不断提升公民的公平正义意识，增强公民遵纪守法、秉公办事、严格自律的意识，提升公民维护自身权利和利益、推进社会公平的意识。

第三，动员各个社会阶层的力量，激发公民追求公平正义的热情和力量，培育、营造公平正义的社会氛围。良好、浓郁的公平正义的社会氛围的形成，需要社会各个阶层的齐心共同努力。经济精英、政治精英和文化精英是社会发展的设计者、领导者和执行者，担负着指引、主导和推进社会发展的重任。因此，精英阶层应该强化公平正义意识，以身作则，加强道德自律，坚持以人为本，为整个社会树立良好的榜样。经济精英应遵纪守法，为企业创造效益的同时也要重视员工的利益和应承担的社会职责；政治精英应自觉维护最广大人民的根本利益，制定公正合理的社会政策，推进社会各方面的改革创新，维护社会公平正义；文化精英是社会的良心，引导着社会发展的方向，因此应重视公平正义的理论研究，推进理论研究工作的不断深入，勇于批判社会上的种种社会不公现象，分析特定历史阶段导致社会不公的原因，为推进社会公平正义的实践提供理论指导。中间阶层作为社会发展的重要推动力量，应该做好自己的本职工作，不断提升自己维护和推进社会公平正义的意识和能力。只有把社会各个阶层广泛动员起来，激发他们追求社会公平正义的热情和力量，处于不同阶层的社会成员自觉担负在推动社会公平正义理论和实践进程中的职责和义务，将有助于公平正义的良好社会氛围的形成，在这样的环境影响下，广大人民群众同心同德，共同建设社会主义，共同分享社会财富，不断从国家的改革和发展中得到实惠，逐步走向共同富裕，社会公平正义将得到不断的提升。

本章小结

本章在马克思恩格斯社会公平理论及其发展的指导下，针对中国现阶段面临的种种社会不公问题，提出了推进中国当前的社会公平要高度重视社会公平，把社会公平上升到国家层面予以重视，大力发展生产力为实现社会公平奠定坚实的物质基础，加强制度建设为推进社会公平提供制度保障，同时要对公民进行社会公平观教育，引导并提升公民的公平意识，培育追求公平正义的社会氛围。

结　　语

马克思恩格斯社会公平理论是马克思主义理论的重要组成部分。在当前，一方面，马克思恩格斯社会公平理论受到一定程度的误解、挑战；另一方面，社会主义建设实践提出的社会公平问题迫切需要理论的指导。在理论和实践的双重需求下，对马克思恩格斯社会公平理论及其发展进行研究无疑具有十分重要的意义。

通过研究，本书系统回答了马克思恩格斯社会公平理论的“理论从何而来”“理论以何为据”“理论的内容为何”“理论发展脉搏如何”这样几个问题，详细勾勒了马克思恩格斯社会公平理论及其发展。本书的核心观点、创造性工作及意义总结如下：

第一，在马克思恩格斯社会公平理论的理论基础的研究方面，本书提出了马克思恩格斯社会公平理论的理论基础有以下几点：实践是人特有的存在方式、物质生产实践是全部社会生活的基础、社会存在决定社会意识、社会意识对社会存在具有反作用、阶级斗争是在阶级社会解决社会矛盾的重要方式、人民群众是历史的创造者。本文的创造性工作体现在，详细论述了马克思恩格斯如何从这些理论出发构建社会公平理论。这一研究回答了马克思恩格斯社会公平理论“以什么为理论依据”这一问题，确证了马克思恩格斯社会公平理论坚实的理论基础。

第二，在马克思恩格斯社会公平理论的主要内容的研究方面，本书通过对马克思恩格斯文本的深层解读，从社会公平的目标、社会公平的根源、社会公平的属性、社会公平的标准和社会公平的实现五个方面探讨马克思恩格斯社会公平理论的主要内容，得出以下核心观点：社会公平根源于人们的物质生产实践，社会公平的目标是人的自由全面发展，社会公平具有历史性、阶级性和相对性，检验社会公平与否的根本标准是是否符合社会生产力和生产关系的发展方向，生产力的发展为实现社会公平奠定基础，生产资料公有制是实现社会公平的重要保障，消灭阶级是彻底实现社会公平的重要途径，税收、教育、公共财政政策是实现社会公平的重要举措。这一研究系统回答了马克思恩格斯社会公平理论"有哪些内容"这一问题，厘清了理论本身是什么，在理论上澄清了一些模糊认识，系统地认识和把握了马克思恩格斯社会公平理论。

第三，在研究马克思恩格斯社会公平理论在苏联的发展方面，本书梳理并详细论证了列宁对马克思恩格斯社会公平理论的发展，得出以下核心观点。列宁对马克思恩格斯社会公平理论的发展体现在：通过国家资本主义提高生产力奠定了实现社会公平的物质基础、实质公平只有到共产主义高级阶段才能实现、生产资料公有制为社会公平提供保障、认清了社会主义社会公平的发展阶段、坚持社会主义社会公平的实践原则、重视文化建设，为社会公平创造良好的文化环境。这一研究有助于系统认识和把握马克思恩格斯社会公平理论在苏联的发展。

第四，在研究马克思恩格斯社会公平理论在中国的发展方面，本书系统分析了毛泽东、邓小平、江泽民和胡锦涛的社会公平思想。毛泽东坚持马克思恩格斯社会公平理论，并结合中国的实际情况加以发挥，主要包括：解放和发展生产力为社会公平奠定坚实的物质基础，对社会公平制度保障的理论和实践上的新构建，在统筹发展中推进社会公平，加强对干部、群众进行思想政治等方面的教育是推进社会公平的重要途径，弘扬社会主义精神和共产主义精神推进社会公平。邓小平明确了社会公平是社会主义建设的中心课题，制定了社会公平的目标是共同富裕，大力发展生产力，为实现社会公平奠定了基础，坚持共产党的领导，加强制度建设为社会公平提供保障，综合运用社会调剂和社会政策推进社会公平。江泽民把社会公平的目标确定为实现最广大人民的根本利益，主张大力发展生产力奠定社会公平的基础，健全各项制度保障社会公平，重视通过政策调节推进社会公平。胡锦涛明确了社会公平的重要性，把现阶段社会公平的目标确定为实现以“权利公平、机会公平、规则公平、分配公平”为主要内容的社会公平，重视正确处理生产力发展与实现社会公平之间的关系，指出教育公平是社会公平的基础，着力建设对保障社会公平具有重大作用的六大制度，通过统筹兼顾、社会政策、基本公共服务均等化、意识教育和社会主义先进文化建设等途径推进社会公平。本书在研究中注重从多个角度、多个方面对马克思恩格斯社会公平理论在中国的发展进行系统梳理，有助于更深入更全面地把握马克思恩格斯社会公平理论在中国的发展。

第五，在对马克思恩格斯社会公平理论及发展启示的研究方面，本书在深入分析中国现阶段面临的社会公平问题的基础上，以马克思恩格斯社会公平理论为指导，提出了推进中国社会公平应注意的几个方面，包括：高度重视社会公平，把社会公平上升到战略层面予以重视；大力发展生产力，为实现社会公平奠定坚实的物质基础；加强制度建设，为推进社会公平提供制度保障；对公民进行社会公平观教育，引导并提升公民的公平意识，培育良好的追求公平正义的社会氛围。本书注重运用数据，准确深入地描述了中国现阶段面临的社会不公的严重程度，并提出了一些推进社会公平的建议。

虽然对马克思恩格斯社会公平理论进行了上述研究，取得了一些研究成果，但是这些研究还存在一定的局限和不足，主要表现在：由于马克思恩格斯的著作丰硕、思想博大精深，在宏观把握马克思恩格斯整体思想的基础上，对马克思恩格斯社会公平理论进行研究有很大难度。因此，本书的研究只是初步的和粗浅的，还有待进一步深入。

马克思恩格斯社会公平理论作为马克思主义理论的重要组成部分，其在马克思主义理论中的地位无疑是非常重要的。近年来，随着国家的重视、学界的推动和社会的关注，对社会公平问题的研究日益成为热点。虽然很多学者对此作了一些研究，但是总体来看，这些研究还没有达到非常成熟的水平。要加强对马克思恩格斯社会公平理论的研究，还需要注意以下几个方面：一是继续深入研究马克思恩格斯经典著作中反映公平正义的文章和作品。马克思恩格斯在《德意志意识形态》《反杜林论》《哥达纲领批判》等著作中对公平正义有较为集中的论述。目前，虽然学界围绕这些著作对马克思恩格斯的公平正义理论进行了一些研究，但是研究还不够深入，仍有待进一步加强。二是深入挖掘马克思恩格斯对蒲鲁东、拉萨尔、杜林等公平正义思想的批判中阐述的观点。马克思恩格斯社会公平理论也是在与资产阶级学者的论战中不断形成和发展起来的，马克思恩格斯不是为批判而批判，而是在批判中建构。因此，要深入挖掘马克思恩格斯在对蒲鲁东、拉萨尔、杜林等人公平正义思想进行批判的著作中的思想，搞清楚马克思恩格斯对这些批判的来龙去脉，从而更深层次理解马克思恩格斯社会公平理论。三是加强对马克思恩格斯社会公平理论在西方的发展的研究。马克思恩格斯社会公平理论在西方得到了发展，不论是苏联和东欧的马克思主义者对马克思恩格斯社会公平理论的丰富和发展，还是当代西方马克思主义中一些学派对马克思恩格斯社会公平理论的争论，都对马克思恩格斯社会公平理论的发展作出了一定的贡献。但是，由于种种原因，目前国内在这方面的研究还比较欠缺。因此，要加强对马克思恩格斯社会公平理论在西方的发展的研究，从更广阔的视野把握马克思恩格斯社会公平理论。

主要参考文献

1.《马克思恩格斯选集》第 1 卷，人民出版社 1995 年版。
2.《马克思恩格斯选集》第 3 卷，人民出版社 1995 年版。
3.《马克思恩格斯选集》第 4 卷，人民出版社 1995 年版。
4.《马克思恩格斯文集》第 1 卷，人民出版社 2009 年版。
5.《马克思恩格斯文集》第 2 卷，人民出版社 2009 年版。
6.《马克思恩格斯文集》第 3 卷，人民出版社 2009 年版。
7.《马克思恩格斯文集》第 4 卷，人民出版社 2009 年版。
8.《马克思恩格斯文集》第 5 卷，人民出版社 2009 年版。
9.《马克思恩格斯文集》第 7 卷，人民出版社 2009 年版。
10.《马克思恩格斯文集》第 9 卷，人民出版社 2009 年版。
11.《马克思恩格斯文集》第 10 卷，人民出版社 2009 年版。
12.《马克思恩格斯全集》第 1 卷，人民出版社 1956 年版。
13.《马克思恩格斯全集》第 3 卷，人民出版社 2002 年版。
14.《马克思恩格斯全集》第 16 卷，人民出版社 1964 年版。
15.《马克思恩格斯全集》第 20 卷，人民出版社 1995 年版。
16.《马克思恩格斯全集》第 23 卷，人民出版社 1995 年版。
17.《马克思恩格斯全集》第 25 卷，人民出版社 2001 年版。
18.《马克思恩格斯全集》第 42 卷，人民出版社 1979 年版。
19.《马克思恩格斯全集》第 46 卷，人民出版社 1979 年版。
20.《马克思恩格斯全集》第 44 卷，人民出版社 1982 年版。

21.《列宁选集》第 3 卷，人民出版社 1995 年版。

22.《列宁选集》第 4 卷，人民出版社 1995 年版。

23.《列宁全集》第 6 卷，人民出版社 1986 年版。

24.《列宁全集》第 39 卷，人民出版社 1986 年版。

25.《毛泽东文集》第 5 卷，人民出版社 1999 年版。

26.《毛泽东文集》第 6 卷，人民出版社 1999 年版。

27.《毛泽东文集》第 7 卷，人民出版社 1999 年版。

28.《毛泽东文集》第 8 卷，人民出版社 1999 年版。

29.《邓小平文选》第 1 卷，人民出版社 1994 年版。

30.《邓小平文选》第 2 卷，人民出版社 1994 年版。

31.《邓小平文选》第 3 卷，人民出版社 1994 年版。

32.《江泽民文选》第 1 卷，人民出版社 2006 年版。

33.《江泽民文选》第 2 卷，人民出版社 2006 年版。

34.《江泽民文选》第 3 卷，人民出版社 2006 年版。

35. 薄一波：《若干重大决策与事件的回顾》，中央党校出版社 1991 年版。

36. 中共中央文献研究室编：《建国以来重要文献选编》第 8 册，中央文献出版社 1994 年版。

37. 中共中央文献研究室：《十六大以来重要文献选编》，中央文献出版社 2008 年版。

38. 中共中央文献研究室编：《十七大以来重要文献选编》，中央文献出版社 2009 年版。

39. 吴忠民：《社会公正论》，山东人民出版社 2012 年版。

40. 吴忠民：《走向公正的中国社会》，山东人民出版社 2008 年版。

41. 王广：《正义之后——马克思恩格斯正义观研究》，江苏人民出版社 2010 年版。

42. 任映红、戴海东：《中国共产党的社会公正观研究》，人民出版社 2009 年版。

43. 黄立茀：《苏联社会阶层与苏联巨变研究》，社会科学文献出版社 2006 年版。

44. 卫兴华、张宇:《公平与效率的新选择》,经济科学出版社 2008 年版。

45. 戴文礼:《公平论》,中国社会科学出版社 1997 年版。

46. 董建萍:《公正视域中的中国特色社会主义——当代中国社会公正若干问题研究》,学林出版社 2010 年版。

47. 王广:《正义之后——马克思恩格斯正义观研究》,江苏人民出版社 2010 年版。

48. 袁久红:《正义与历史实践:西方当代自由主义正义理论批判》,东南大学出版社 2003 年版。

49. 林进平:《马克思的“正义”解读》,社会科学文献出版社 2009 年版。

50. 陈传胜:《马克思恩格斯的公平正义观研究》,合肥工业大学出版社 2011 年版。

51. 曹玉涛:《分析马克思主义的正义论研究》,人民出版社 2010 年版。

52. 林进平:《马克思的“正义”解读》,社会科学文献出版社 2009 年版。

53. [英] 莫尔:《乌托邦》,商务印书馆 1982 年版。

54. 联合国开发计划署驻华代表处等:《中国人类发展报告 2005 追求公平的人类发展》,中国对外翻译出版公司 2005 年版。

后　记

本书是在对我的博士论文进行修改的基础上完成的。

本书得到了2013年广东医科大学博士学位人员科研启动项目“马克思恩格斯社会公平理论及其发展研究”（项目编号：B2013024）、2015年国家社科基金一般项目“历史唯物主义社会形态理论视阈下的当代社会发展研究”（项目编号：15BKS047）和2016年教育部人文社会科学研究专项任务项目“中国特色社会主义共同富裕的制度设计和安排”（项目编号：16JD710026）的支持。

非常感谢我的导师电子科技大学的祝小宁教授，正是在他的指导和帮助下，我才有幸走进学术的殿堂，开启自己的学术研究。祝老师端正的科研态度、严谨的学术作风、追求完美踏实苦干的工作作风、坚忍不拔的求索精神、真诚宽容的处事风格无时无刻不影响着我，指引着我的探索和进步。本书的写作更是饱含了他的智慧、汗水和心血，从选题到框架结构的确定再到提纲的最后敲定，都是在祝老师的指导和帮助下进行的。在我最没有信心的时候，是祝老师的指导和鼓励点燃了我继续写作的信心和热情。师恩浩荡，在以后的学习和工作中，我会努力探索，认真钻研，不断在学术和工作上有所长进和提高，不辜负祝老师对我的教导和期望！

非常感谢电子科技大学的管文虎教授、邓淑华教授、吴满意教授、王让新教授、戴钢书教授、罗大明教授、张震教授、商继政副教授、杨曦副教授，他们都对我的写作提出了非常宝贵的建议，非常感谢！还要特别感谢马彬师兄，感谢他在我写作最困难、最迷茫的时候给予我的指导、鼓励、支持和帮助！还要感谢我的博士同学李小林、尹占文、郭英杰、汪馨兰、李怀杰、王晓川、曹军辉、罗敏、白秀银、卢云峰、蒙丹、黄喜生、赵会娜、王建等等，感谢他们对我的关心和帮助！另外我还要特别感谢秦祖富老师，感谢他无私的帮助和支持！

感谢广东省委宣传部的大力支持，才使得拙著有机会出版。感谢审核本书的专家提出的宝贵修改建议，使我受益良多。感谢广东人民出版社的编辑老师为本书出版所付出的辛劳和汗水。由于本人才疏学浅，书中的不当之处，恳请读者批评指正。

马陆艳

2018 年 5 月